月10万円確実に稼ぐ!

一生使える株の強化書

相場師朗／今亀庵／インヴェストドクター
www9945／堀哲也

宝島社

月10万円稼ぐための

投資金額の目安と
金額に応じたお勧め投資法

本書では、月に10万円、もしくは年間で120万円稼ぐための投資法を紹介しますが、当然ながら、そこに投資できる資金の額は、人それぞれです。
そこで、みなさんの投資金額に応じた投資法は、本書のどの講師が教えてくれるのか、というガイダンスを以下に示しましたので、参考にしてください。

1000万円

500万円

400万円

300万円

200万円

100万円

インヴェストドクター先生

投資資金**800**万円から

初期投資の金額は高いが、理由もなく相場が下げているときにグロース株とバリュー株を半々で買うだけの確度の高い投資法。ファンドマネジャーに預けるという裏技も紹介。

www9945先生

投資資金**300**万円から

小型株の中から売上、利益がコンスタントに伸びて財務内容も健全な成長株（グロース）を選りすぐり、大相場を待つ。余裕があれば、配当狙いの投資も行って確実に利益を増やす。

相場師朗先生

投資資金**200**万円

相場式チャートリーディングで1カ月に以下のパフォーマンスを出す。

200万円×0.2%＝4万円
＋
200万円×0.2%＝4万円
＋
200万円×0.1%＝2万円
計10万円

堀哲也先生

投資資金**120**万円から

少額投資による集中投資。企業業績と株価の間にある「ギャップ」を見つけ出し、テクニカルの裏付けを取って、投資額2倍のパフォーマンスを狙う。

今亀庵先生

投資資金**100**万円から

100万円からの投資は、信用取引でレバレッジを効かせて行う、玄人向けの投資手法。初心者は最低300万円くらいから、2～3銘柄に絞った集中投資で稼ぐ。

注：上の金額設定は、各講師が「月10万円、もしくは年間120万円稼ぐ」ことを目標とした設定になっており、各講師が日常的にこういう金額設定で投資をしているわけではありません。

月10万円確実に稼ぐ！ 一生使える**株**の強化書●目次

第2章

2限目

60万円を7年で3億円にした企業分析とチャート分析の組み合わせ投資

講師●堀哲也先生

第3章

3限目

会社の数字がわかると、投資の成功率が格段にUP!

講師●www9945先生

第4章

4限目

忙しいサラリーマンにもお勧め！業績重視の堅実投資

講師●今亀庵先生

第5章

5限目

バリューとグロースを組み合わせたポートフォリオ投資

講師●インヴェストドクター先生

5限目のポイント

編集協力●髙水 茂（髙水編集事務所）
執筆協力●井ノ上 昇
カバー・本文デザイン●石田嘉弘（アズール図案室）
イラスト●たまきちひろ

この本の使い方

テクニカル担当

堀哲也先生

相場師朗先生

本書は、これから株式投資を始めようという人、株式投資をやってもなかなか利益を出せないという人のために、5人の講師がその投資法を伝授してくれる「投資の強化（教科）書」です。講師の5人は、〝億り人〟（実際に株式投資で億単位の資産を築いた人）と、億り人を世に輩出しているプロの投資家です。

本書の目標は、月々10万円、もしくはその12倍で、年間120万円程度を稼ぐことです。しかし、株価は常に変動し、必ずしも狙い通りの売買ができるとは限りません。

そこで、講師の5人が、少ない元手から億の資産を築いた過去の実例なども踏まえて、実際に自分たちが使っている投資テクニックやノウハウを伝授します。同時に、月10万円分の利益を出すための

シミュレーションを立ててくれています。そのテクニックやノウハウを自分のものにすれば、読者のみなさんも、目標の利益を出せるようになるはずです。

株式投資には、大きく分けて、チャートでテクニカル指標などを見ながら株価の動きを予測して売買する「テクニカル投資」と、企業の業績などを見て投資対象を決める「ファンダメンタルズ投資」の2種類の方法があります。5人の講師はもちろんどちらの手法も使いこなしますが、あえて上の図に示したように「テクニカル」と「ファンダメンタルズ」さらにその両方という立場から「講義」を行ってもらいます。

ぜひこの5時限の講義を通して、投資の技術を向上させ、月10万円の利益創出を確実なものにしてください。

主な株式用語

ROE	Return On Equity（自己資本利益率）の略。企業の収益性を測る指標で、株主による資金である自己資本が、企業の利益にどれだけ貢献したかを示す。
ROA	Return On Asset（総資産利益率）の略。会社の総資産を使ってどれだけ効率的に利益を生んだかを測る指標。当期純利益を総資産で割って求める。
EPS	Earnings Per Share（1株当たり利益）の略。当期純利益を発行済株式数で割ったもので、1株当たりいくらくらいの当期純利益があるかを見る。PERの指標にもなる。
信用取引	株式などを担保に、証券会社からお金や株式を借りて行う株式の取引。預けた担保の約3.3倍まで取引ができ、株価の上昇だけでなく下落の際にも利益が出せるカラ売りも行える。
グロース投資	グロース（Growth＝成長）という名の通り、将来成長の見込めそうな企業の株式を買い、実際企業が成長して株価が値上がりした際に売って利益を出す投資方法。
テクニカル投資	株価チャートなどの指標を基に、その値動きやチャートの方向性、形状などから将来株価を予測し、売買を行う手法。
配当利回り	株価に対して配当金の割合がどのくらいあるのかを示す指標。1株当たり配当金÷株価で求める。そのため、株価が下落すると、配当利回りは上がる。
バリュー投資	株価が企業の価値に対して割安に放置されている株式に投資し、後にその企業価値が株式市場から正当に評価されて株価が上昇したときに売って利益を求める投資法。
ファンダメンタルズ投資	主にチャートを分析して株価を予測するテクニカル投資に対し、売上高や営業利益など企業の業績や事業内容からその企業の投資価値を測り、投資する手法。
PER	Price Earnings Ratio（株価収益率）の略。一般的には、株価÷1株当たり利益(EPS)で計算する。株価が割安か割高かを判断する際の代表的な指標。低いほうが割安。
PBR	Price Book-value Ratio（株価純資産倍率）の略。株価÷1株当たり純資産（BPS）で計算し、株価が割安か割高かを判断する指標。株価が1株当たり純資産の何倍買われているかを見る。
PEGレシオ	Price Earnings Growth Ratioの略。PER÷1株当たりの予想利益成長率で計算。1倍以下なら割安、2倍以上なら割高といわれている。
割安株	株価が、その企業の実態よりも低く評価されている株。バリュー株ともいう。いずれその企業の実態が市場によって正当に評価されると株価が上昇する傾向にある。

第1章

1限目

チャートリーディングで月10万円をより現実的に稼ぐ相場式チャート活用術

講師◉相場師朗先生

1限目のポイント

株価チャートの値動きを見極める

私が開発した相場《あいば》式投資手法は、株式チャートの習性を利用した投資手法で、「移動平均線を使った相場《そうば》予想」です。

株価は、上昇トレンドであろうと下落トレンドであろうと上がったり下がったりを繰り返します。これをランダムウォークといいます。その背景には、年金基金や保険会社など大量の資金を使う機関投資家と、その資金を実際に運用し、株式を売買しているファンドマネージャーたちがいます。彼らが大量の売買を行い、その動きに市場が反応し、株価が上下するのです。つまり、株式チャートのランダムウォークは、投資家の心理を表しているとも

月10万円稼ぐPOINT

元金 200万円

手法 相場式チャートリーディングで1カ月に以下のパフォーマンスを出す。

200万円×0.2%＝4万円
+
200万円×0.2%＝4万円
+
200万円×0.1%＝2万円
計10万円

いえます。

私は株職人として35年間、このチャートの動きを研究した結果、株価の動きには一定の法則があることを突き止めました。そのシグナルの見極めには、難しい経済の知識も、銘柄の業績の分析も必要ありません。ただ、株価チャートの値動きを見極めるだけです。

投資を始めると、さまざまな情報に振り回されます。大暴落が起こるとみんな狼狽してしまいます。相場式株式投資は、そんなことには影響されません。株式投資は「技術」です。相場式株式投資の技術さえ身につければ、誰でも利益を出すことができます。

相場師朗(あいば しろう)
株歴35年の「株職人」。現役プロトレーダー。国内外の金融機関のディーラー、ファンドマネジャーとして勤務した後、現在は自己資金の運用をメインに、トレード技術の講演活動で国内外を飛び回る毎日を送っているほか、セミナーや塾を開催して、さまざまなレベルの投資家に投資ノウハウを伝授している。

月10万円稼ぐ上で現実的な元手と投資法

元手をいくらに設定するかで、リスクが変わる

「月に10万円！」――実に魅力的な響きですね。本当にそんなことができるのか疑問に思う人も多いと思います。これを実現するために、まず考えなければならないことは、元手をいくらで始めるかということです。

相場《あいば》式の株式投資を極めることができれば、1億円の資産を築くことも夢じゃありません。実際、多くの生徒が億の資産を築いています。仮に1億円の資金があれば、月に０・１％のパフォーマンスで10万円ですから、これはカンタンなことです。

しかし、株式投資に1億円を注ぎ込めるのは、ごく一握りの人です。多くの人は１００万円くらいからと考えるでしょう。仮に１００万円を元手として月に10万円稼ぐには、10％のパフォーマンスが必要ですが、これを狙うのはとっても、危険です。

例えば15ページのグラフは、３月初めの７日間に上場企業の中で前日比10％以上株価を上げ

■3月初旬の7日間で株価が10%以上値上がりした銘柄数

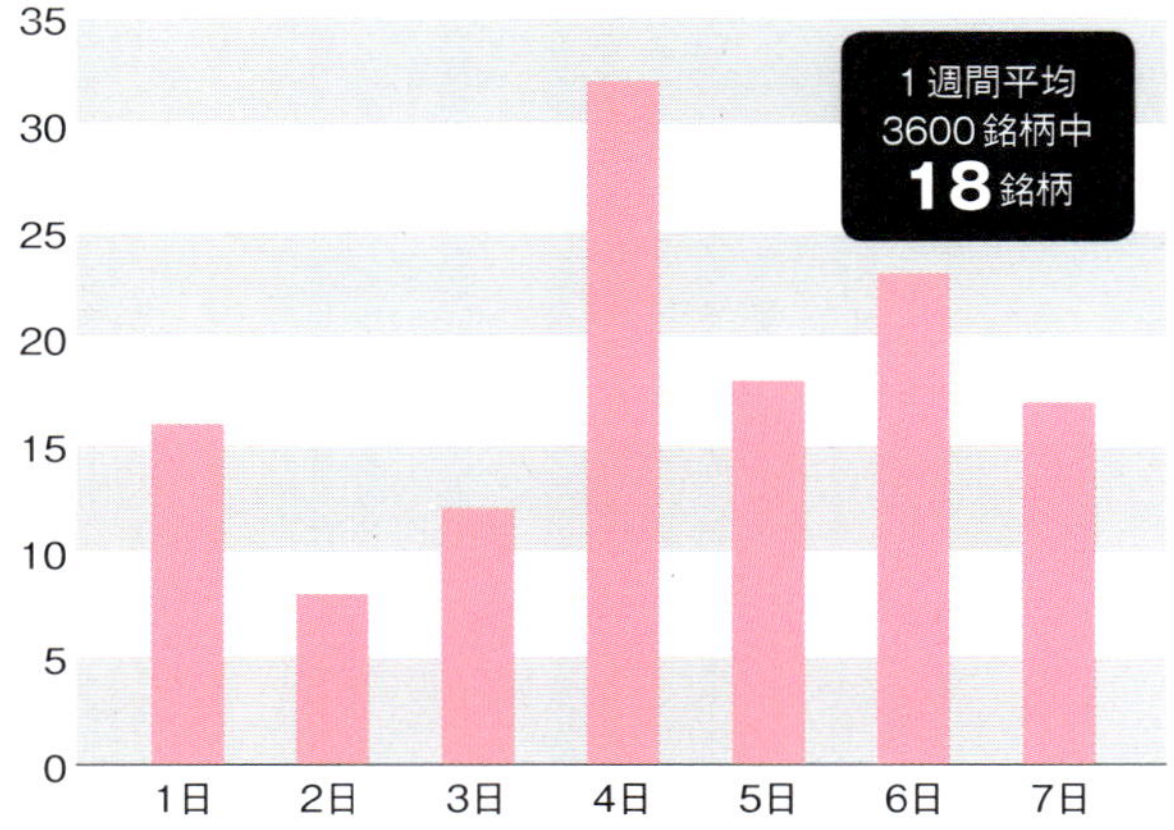

グラフは上場企業約3600社の中で、前日の株価と比較して株価が10%以上上がった銘柄の数（2018年3月1日～9日、土日を除く）。7日間の平均は18銘柄で、10%の株価上昇がいかに稀有なことであるかということがわかる。

た銘柄を調べたものですが、上場企業約３６００社中、平均でたったの18社です。

また、日経平均が２万２０００円として、10%上昇するには２２００円の上昇が必要です。これは、そうそう起こることではありません。

もちろん、マザーズやジャスダックの新興市場などには、1日に20%以上値上がりする銘柄もあります。しかし、株価は上がったり下がったりを繰り返します。20%上がれば20%下がることもあるんです。約３６００銘柄の中から、必ず10%値上がりする銘柄をピンポイントで探し当てるのは「まぐれ」といっていいでしょう。

そこで、元手４００万円の元手ならどうでしょうか。月に2・5%プラスになれば10万円です。この程度のパフォーマンスなら、私の生徒ではほぼ全員が達成可能な数字です。しかし、私の生徒は厳しいトレーニングを経験したからこそ出せるパフォーマンスなので、投資の初心者には無理でしょう。また、いきなり400万円の元手を失う危険性もあります。

では、元手を200万円にした場合はどうでしょう。月に5%の上昇で10万円です。さらにパフォーマンスを上げる必要がありますが、元手が少なくなった分、初心者でもチャレンジしやすいと思います。これで、少し可能性が見えてきました。ただし、毎月同じパフォーマンスを出し続けるのは至難のわざです。例えば、月5%ということは、年60%のリターンです。投資ファンドのトップトレーダーでも難しい話です。しかし、これもやり方次第なんです。

200万円の元手で月10万円稼ぐ最適な投資手法

では、そのやり方、つまり投資手法について、少しずつ具体的に解説していきます。まずは投資手法の考え方です。

繰り返しますが、200万円で月に10万円稼ぐには、5%のリターンが必要になります。すると、5%値上がりする銘柄を見つければいいと考えるかもしれませんが、毎月、5%値上がりする銘柄を見つけるなんて、まず「ムリ」です。なぜでしょうか。

それは株価が、業績とは別の外部要因に影響を受けて、簡単に上げ下げを繰り返すからです。外部要因とはアメリカの市場の動きやどこかで戦争が起こりそうだという地政学リスクなどで

■月10万円稼げる確率

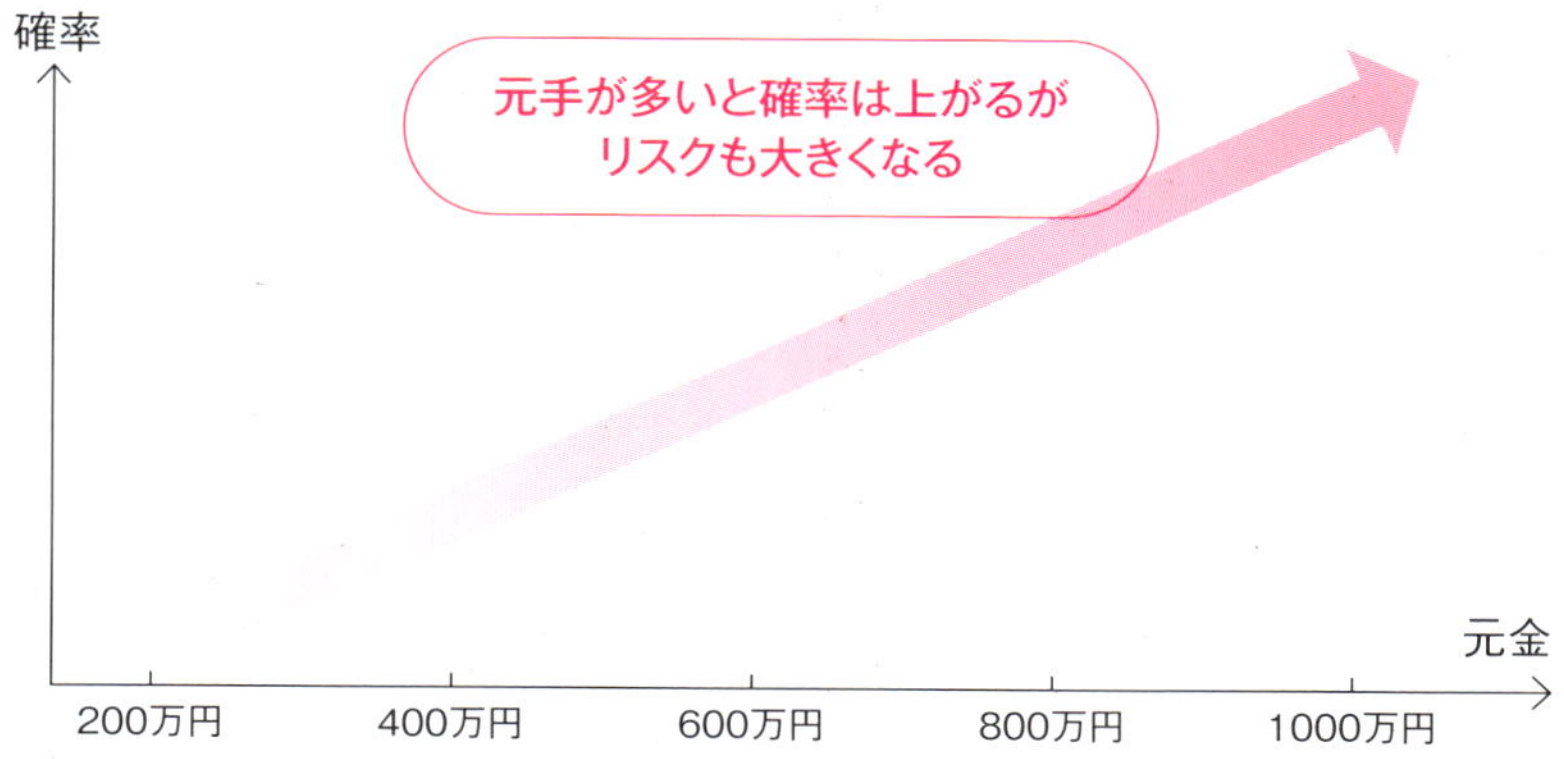

月10万円稼げる確率は、元手が多いほど高まる。しかし一方で、投資金額が多いと、損をした場合の損失額も大きくなる。そこで、比較的自由になる少額の資金でハイリターンな投資をしてみるのも一考だ。

す。それを予測することは不可能でしょう。

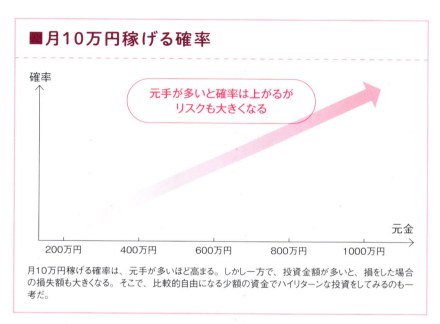

では5%ではなく、1%、2%ではどうでしょう。これなら、ハードルはかなり下がります。つまり、一度に10万円稼ぐのではなく、2～4回に分けて稼ぐのです。例えば、200万円を元手に2%（4万円の利益）を2回、1%（2万円の利益）を1回成功すれば合計10万円です。3%を3回できるなら18万円。こういう具合に、確実性の高い短期の投資を何回かに分けて、稼いでいくのです。

中長期の投資は、相場《そうば》のトレンドに影響されます。中長期投資が向いているのは国が成長している場合に限られます。2018年、日本は上昇相場として期待されましたが、年明け3カ月、日経平均は下降トレンドになりました。上昇相場が続くと、2～3カ月下降トレンドになることはよくあることです。下降トレンドのときに、中長期投資で月10万円を稼ぐのは難しいでしょう。

また、ご存じのようにバブル崩壊後の日本経済は「失われた20年」と言われ、長期的に下降トレンドでした。リーマン・ショック以降もそうです。ようやく、アベノミクス以降、株価は上向いてきましたが、今後日本が成長できるかどうかは疑問です。

国が成長するには、労働人口が増加することが条件です。労働人口が減少する日本では、成長は難しいと言わざるを得ません。

市場環境に押され、いつ下がるかわからない中長期投資をするよりも、短期的に上昇する銘柄を見つけ、こまめにトレードをする。これが、確実に稼ぐ最適な方法です。

月3000回のトレーニングで「再現性」を出す

株は「技術」です。知識や理屈ではありません。ただし、この技術を身につけるには、とにかく練習が必要です。例えば、羽生結弦選手の4回転ジャンプの理屈がわかったところで、実際に4回転ジャンプはできません。ただ、ひたすら練習を繰り返して4回転ジャンプができるかどうかです。相場式チャート投資法も同じです。しかも4回転ジャンプよりはるかに簡単です。

練習の方法は、過去のチャートを何度も何度も見ることです。株式投資も同じで、チャートにはある一定のパターンがあります。何度も過去のチャートを見て、パターンを徹底的に頭にたたき込むのです。その数、実に「3000回」です。「3000回」と聞いて、「?・?・?・?・?・」なんのこっちゃ、と疑問に思う人もいるかもしれませんので、説明しましょう。

具体的には、過去10年間のチャートを1分間、端から端まで見ます。それを100銘柄、毎日見続ければ、1カ月で3000回見たことになります。これをチャート上の時間で積算すると、毎日10年間×100銘柄で、延べ1000年分。1カ月続けると、1000年×30日で延べ3万年分にもなります。この練習を続ければ、必ずチャートのパターンが読めてきます。

チャートのパターンが読めるようになってきたら、10～12銘柄に絞って、毎日監視します。そして、買いシグナルが出たら、エントリーします。その後、数日で売りシグナルが出ますので、売って「手仕舞う」のです。この繰り返しです。買いシグナルのチャンスがなければ、何もする必要はありません。どんな人でもこの練習さえ積めば、実際にお金を使って投資したとき、確実に稼げるようになります。

世の中には、さまざまな投資手法がありますが、株は100％確実に上がるわけではありません。専門家による推奨銘柄も、必ずとは言い切れず、再現性はないのです。また、上昇相場で勝ち続けることができる必勝法があったとしても、下落相場では負けてしまいます。

しかし、真の投資方法とは、「どんな相場でも稼げる」ことです。これもまた、一見夢物語のように聞こえるかもしれません。相場式の株式投資は、「どんな銘柄のどんな値動きでも稼げる」という、いわば「再現性のある技術」なのです。

選ぶ銘柄は大型株であることが条件

チャートの値動きが決まったパターンを示すためには、条件があります。それは、より多くの投資家が売買していることです。売買する投資家が少ない小型株や新興市場の株は、値動きが乏しかったり、誰かが急に大量に買ったり売ったりすると、いきなり急騰したり暴落したりします。こういう銘柄では、再現性のある取引はできません。

そこで、相場式の株式投資では、トレードする銘柄に一定の基準を設けています。その基準は、「時価総額５０００億円以上、１日の出来高が２００万株以上の銘柄」です。時価総額５０００億円以上の銘柄は２５０銘柄以上、出来高が１日２００万株以上の銘柄は２００銘柄程度あります。

時価総額は、「株価×発行済み株式数」で計算します。この５０００億円というボーダーラインは、特定の投資家による売買では株価が乱高下しないラインです。

出来高というのは、１日でどれくらい売買が成立したかを株数で表した数字です。より多くの投資家が売買することで、売買注文が成立しやすく、いつでも自由に取引することができます。逆に出来高が少ないと、注文を出しても売れなかったり買えなかったりします。

そこで私が常に監視しているのが、「ＪＰＸ４００（ＪＰＸ日経インデックス４００）」です。

■JPX日経400とは

構成銘柄は、日本経済新聞社と日本取引所グループ（東京証券取引所）が、東証1部・2部、マザーズ、JASDAQ上場銘柄の中から選定、入れ替えを行っている。特徴は、利益やROEといった、企業業績に関する数値を重視して選定している点。

■日経225とは

構成銘柄は、日本経済新聞社が東証1部上場銘柄の中から、市場流動性や、採用銘柄数のバランスなどを基に選定、入れ替えを行っている。その225銘柄の平均が日経平均。採用銘柄の選定や入れ替えの基準として、企業業績は特に考慮されていない。

いわゆる日経平均株価は日経２２５とも呼ばれ、日本経済新聞社が日本を代表する２２５銘柄を選んで、その日々の株価を指数化したものです。しかし日経平均では、利益水準や株主が投資したお金をうまく利用して利益を稼いでいるかといった資本効率が考慮されません。一方、ＪＰＸ４００では、営業利益の伸びや資本効率などを基準に選んだ優良企業４００社の株価を指数化しています。

ＪＰＸ４００には、時価総額５０００億円以上、出来高１日２００万株以上に満たない銘柄もありますが、その予備軍として有望な銘柄が含まれています。私は、このＪＰＸ４００を重視して毎日監視しています。さらに買い時、売り時のシグナルが出た10銘柄程度を集中的に監視し、その中の４～5銘柄に、日々数十万株投資して、着々と儲けています。

ローソク足と移動平均線で株価の流れを読む

まずはローソク足チャートの見方を知る

では、具体的にチャートの見方を習得していきましょう。株式チャートには上下に線のついた白い棒と黒い棒が並んでいます。その見た目から「ローソク足」と呼ばれています。

ローソク足は主に3種類あります。1日の値動きを示した日足《ひあし》、1週間の値動きを表した週足、1カ月の値動きを表した月足です。相場式では、短期では日足を使います。そして週足・月足を合わせて利用することでより勝率が上がります。

ローソク足を一目見れば、1日で株価がどう動いたのかがわかります。まず、朝9時の「ヨーイ、スタート！」（＝寄り付き）でついた値段が「始値」。そして午後3時、「ハイ、終わり」で取引が終了したとき（引け）についた値段が「終値」です。終値が始値より高ければ、白いローソク足（陽線）に、逆に終値が始値より低ければ、黒いローソク足（陰線）になります。

株式市場で取引が行われている時間帯を「ザラ場」といいますが、陽線の場合は、株式市場

■ローソク足の陽線と陰線

その日（または週、月）の**終値が始値より高い**ときは

陽線

その日（または週、月）の**終値が始値より低い**ときは

陰線

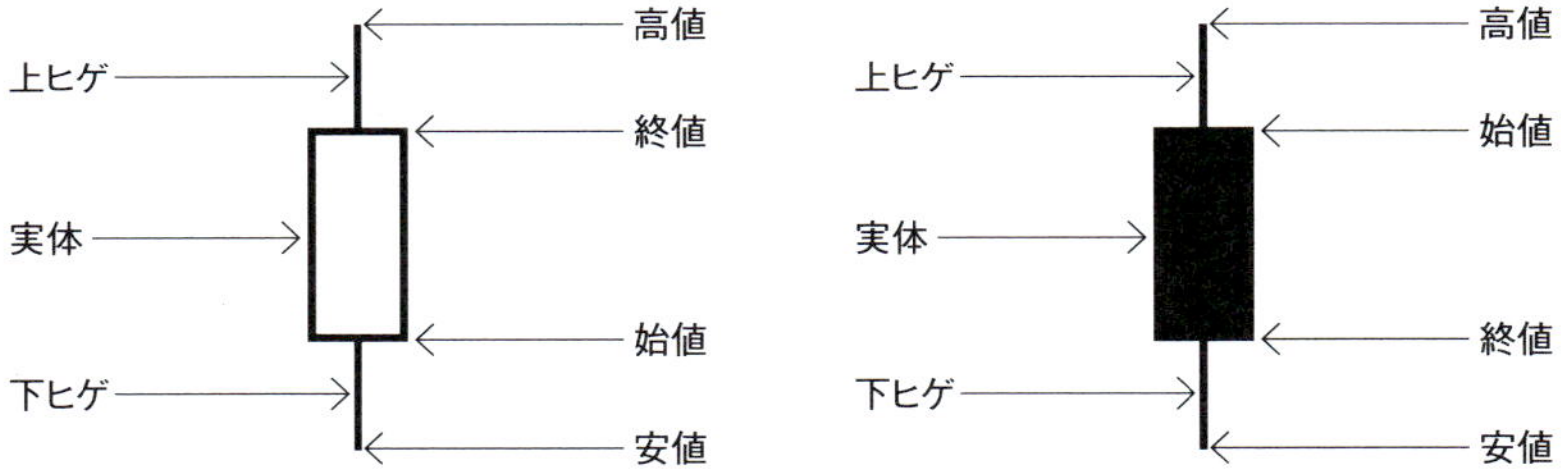

日足のローソク足は、実体の部分の上下がその日の取引の始値と終値を示している。週足の場合は月曜の取引開始時点と金曜の取引終了時点、月足の場合は1日（または第1営業日）の始値と月末最終日（または営業最終日）の終値を示す。

が始まってからザラ場で人気が出たことになります。この線が長いほど、値動きも激しくなったということです。陰線の場合は逆で、ザラ場の間にマイナスの材料が出ると、売りがたくさん出て始値より低くなることがあります。

　上下の線は、「上ヒゲ」「下ヒゲ」といいます。上ヒゲの一番上は、その日の高値を示し、下ヒゲの一番下は、その日の安値を示します。このローソク足、私は常々、煩悩の塊のような形をしていると思っています。ローソク足の形は、ザラ場の間にも刻々と変化していきます。

　取引が始まって一気に上昇したときは、長い白の大陽線ができます。逆に、一気に暴落すると長い黒の大陰線ができます。この「大陽線」「大陰線」こそ、めらめらと燃え上がる煩悩そのもの。株価が一方向に動き出す圧力がかかっており、それが稼ぎ時のシグナルにもなりますので、

■値動きの強弱がわかる4つのローソク足

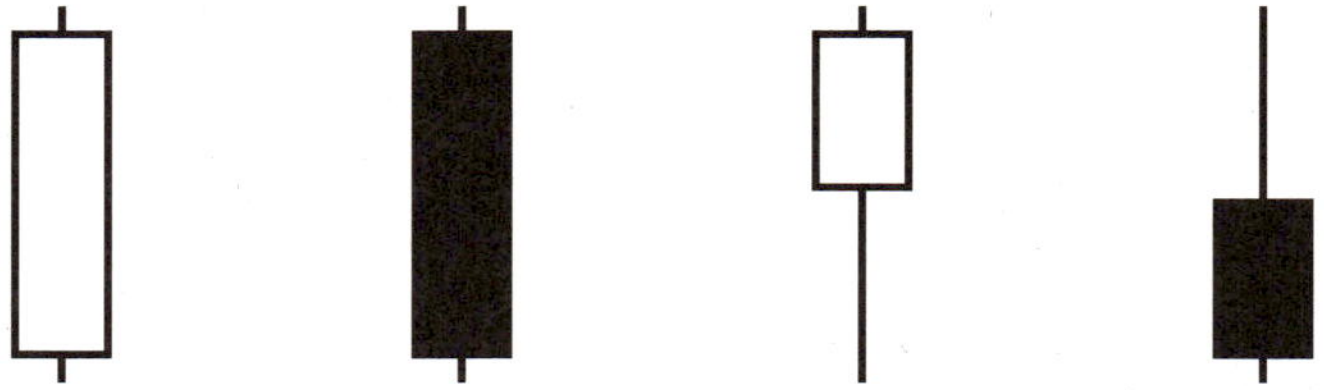

大陽線	大陰線	下ヒゲ陽線	上ヒゲ陰線
実体が長くヒゲが短い。きわめて買いの勢いが強い。	実体が長くヒゲが短い。売りの圧力がかなり強い。	実体に比べ下ヒゲがきわめて長い。下ヒゲが長いほど買いの勢力が強い。	実体に比べ上ヒゲがきわめて長い。上ヒゲが長いほど売り圧力が強い。

ローソク足の実体の長さからは株価の売り（買い）の勢いが、ヒゲの長さからは売り（買い）の圧力が読み取れる。下ヒゲだけ長ければ買い圧力が強く相場は底打ち、上ヒゲだけ長ければ売り圧力が強く相場は高値圏にあると推測できる。

興奮してワクワクしてしまいます。

また、上昇トレンドにあり日々高値更新をしていた株価が、いったんはさらに高値を示したものの、最終的には陰線となった場合は、上ヒゲの長い陰線ができます。これは、下落トレンドの兆候です。逆に、下落トレンドにあった株が、さらに安値をつけた後下げ止まり、反発した場合は、下ヒゲの長い陽線ができます。これは、反転上昇のシグナルと見ることができます。

ローソク足の形から値動きの強弱を読み取り、株価は今後上昇トレンドとなるのか、下降トレンドとなるのかを予測し、売買を仕掛けていきます。ただし、ローソク足は上昇トレンドの中でも陰線が表れたり、下降トレンドでも陽線が表れ反転上昇の気配を見せることがあります。そこは、しっかりと練習を積むことで、イレギュラーな変化を見極める技術を習得しましょう。

相場式の移動平均線とは

相場式の株式投資の大きな特長が、移動平均線を使った相場予測です。移動平均線とは、ローソク足と同時に描かれている折れ線グラフのような線のことで、「一定の期間の終値の平均値」を線で結んだものです。何本も線があるのは、期間の違いです。

私が見ている最も期間の短い移動平均線は「5日移動平均線」です。当日の終値と、1日前、2日前、3日前、4日前までの5日間の終値の平均値を結んだものが移動平均線です。

ローソク足は、暴れ馬のように日々上がったり、下がったりを繰り返しますが、移動平均線はこのランダムな株価の動きを抽象化し、シンプルな方向感を示します。

ローソク足だけを見ていると、大局的な乱高下の動きが激しく上がっているのか、下がっているのか方向性がつかみにくいことがあります。しかし、5日移動平均線を見ると、上がっていれば右肩上がり、下がっていれば右肩下がりになっています。

次の期間に20日移動平均線があります。文字通り、20日間の終値の平均です。期間が長い分、5日移動平均線よりなだらかな動きになっています。チャートを見ると、20日移動平均線のなだらかな線に、5日移動平均線がくっついたり離れたりしながら、トレンドを形成しているのがわかります。このタイミングとローソク足の形を見ながら、株価を予想していくのです。

相場式で使う移動平均線は５種類

まず必要なのが「５日移動平均線」です。これは月曜日から金曜日の１週間という短期的な株価の動きを示したものになります。次は「20日移動平均線」。これは１カ月です。土日を除いた営業日は約20日ですので、１カ月の値動きの平均を示す線として重視します。

次に３カ月、いわゆる四半期分に相当する「60日移動平均線」で、中期的なトレンドを見ます。さらに、約５カ月分を示す「１００日移動平均線」、約15カ月分を示す「３００日移動平均線」で長期的なトレンドを見ます。

では過去の大きな流れを、２０１２年８月から始まったアベノミクス相場で見てみましょう。日経平均の約６カ月間の移動平均線は、下から３００日線、１００日線、60日線、20日線、５日線と、きれいにほぼ平行して右肩上がりです。これが典型的な「大相場」の例です。

その前夜、Ⓐのゾーンには長短の移動平均線が密集しているのがわかります。これは、相場が煮詰まって、エネルギーをため込んでいるような状況です。ここまでもつれていると、あとは上か下かに大きく動くしかありません。このチャートから得られることは「長短移動平均線が１カ所に密集した場合は大相場の前夜」、ということです。大相場は10年に２～３度の割合で来るので、そのチャンスを逃がさないようにしたいものです。

■相場式の日足は営業日ベース

一般的な日足		相場式の日足	週足	月足
5日	→	5日	13週	9カ月
25日	→	20日（約1カ月）	26週（約半年）	24カ月（2年）
75日	→	60日（約3カ月）	52週（約1年）	65カ月（約5年）
100日	→	100日（約5カ月）	78週（約1年半）	84カ月（7年）
200日	→	300日（約15カ月）	100週（約2年）	100カ月（約8年４カ月）

証券会社などのチャートツールでは、20日線は25日線、60日線は75日線になっている。これは土曜日も平日だった時代の名残だといわれている。基本設定で変えられるので、相場式では20日と60日に変えるのがお勧め。

■大相場の前には移動平均線が集合

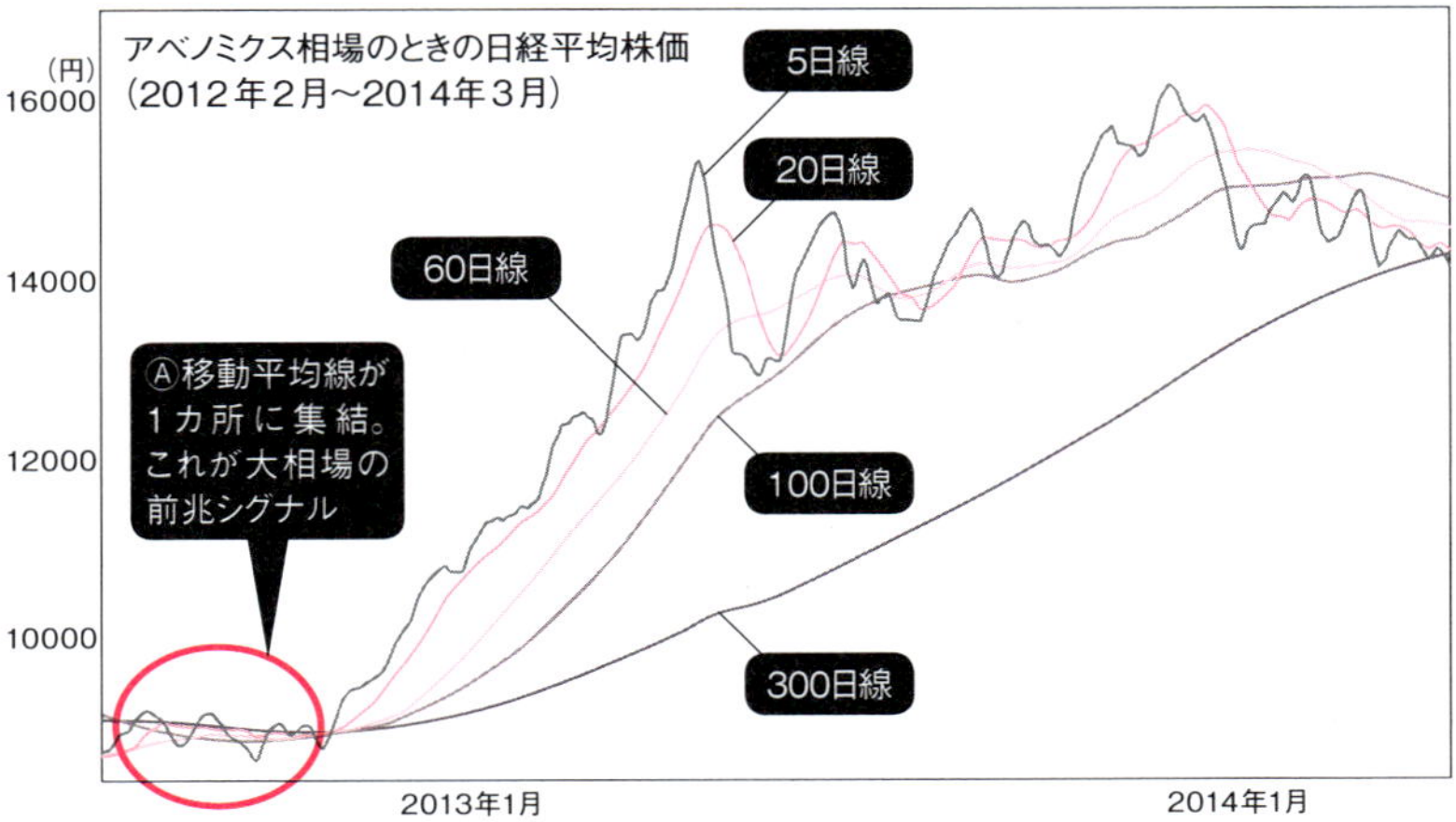

株価の上昇が長期間続いているときには、移動平均線が上から5日線、20日線、60日線、100日線、300日線の順番できれいに並ぶ。長期間下落しているときには、並びが逆になる。そして、そのトレンドが変わる前には、移動平均線が1カ所に集中する。

移動平均線を使って株価の流れを読む「リーディング」

移動平均線は、期間の短い移動平均線ほど株価の影響を受けます。下降トレンドの株価が上昇に向かう場合、まず5日移動平均線が上昇し、次に20日線、60日線、100日線、300日線の順に上昇していきます。しかし、株価は左図のように、常に変化します。この変化を見極めるのが「リーディング」で、シンプルに考えた場合、売買のタイミングは次のようになります。

●上昇トレンドで20日線が上向きのとき、それより上にあった5日線が20日線前後まで下落した後、株価が勢いよく上昇したら買い。逆にさらに下落が続いたら売り。

●下降トレンドで20日線が下向きのとき、それより下にあった5日線が20日線前後まで上昇した後、株価が失速して下降したら売り。逆にさらに上昇が続いたら買い。

さらに理想は、60日線、100日線、300日線も順番に並んでいること。

株価のトレンドは、このように移動平均線の「向き」「傾き」「並び」を見れば一目瞭然です。中でも重要なのが「向き」です。上昇トレンドのときはどんどん上向き、下降トレンドのときはその逆。その大きなトレンドには逆らえません。移動平均線が上向きで全体が上がっていれば、株価が一時的に下落してもまた戻ってくるものです。この流れに逆らわず、移動平均線に注意すれば、誰がやっても、どんな局面でも稼げる「再現性」が生まれるのです。

■移動平均線の並びから トレンドやその変化を判断する

移動平均線の「並び」に注目する

上昇トレンドの並び

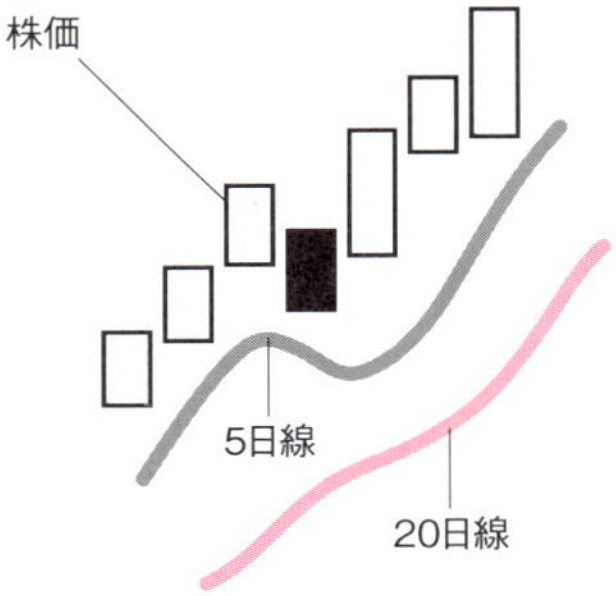

下降トレンドの並び

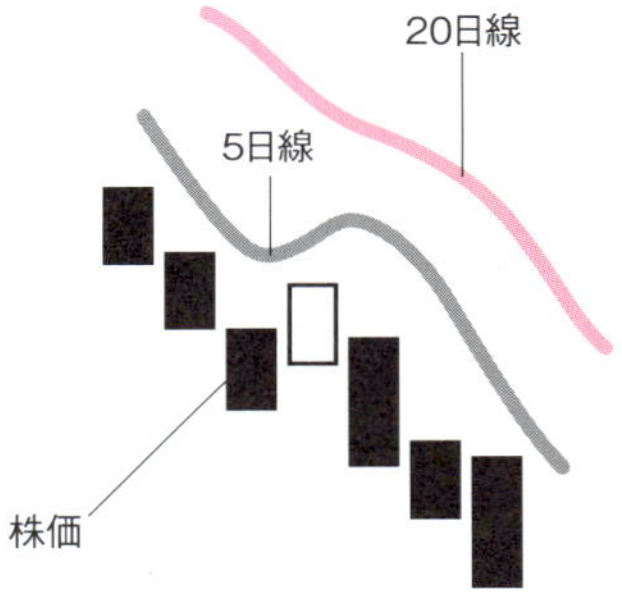

上昇トレンドからの変化

株価がまず5日線の下に
次に5日線が20日線の下に

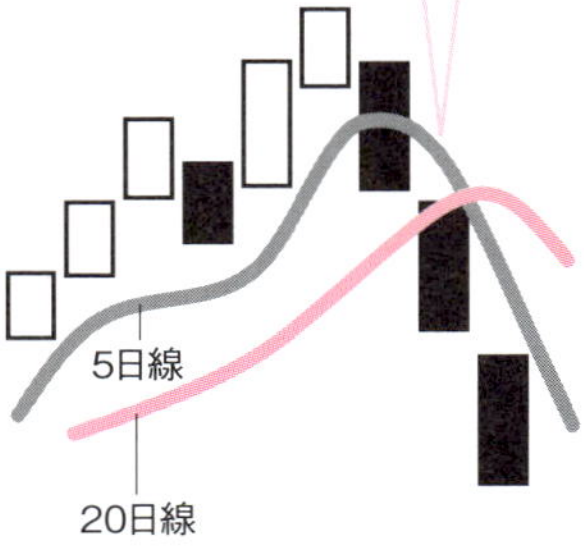

下降トレンドからの変化

株価がまず5日線の上に
次に5日線が20日線の上に

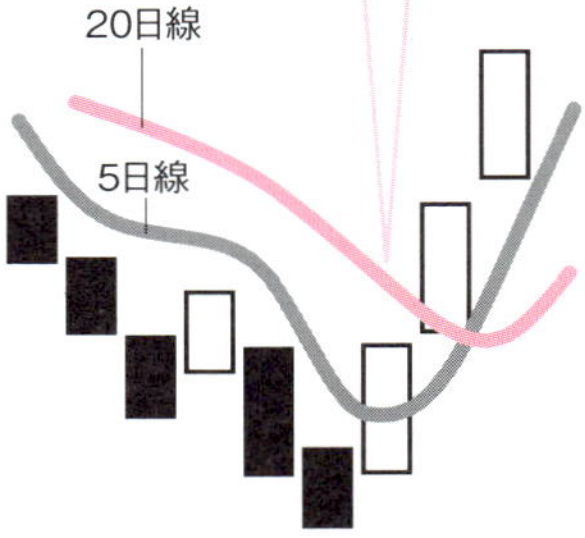

上昇トレンドの場合、5日線と20日線と株価の位置を見ると、20日線の上に必ず5日線があり、その上にローソク足（株価）がある。しかし、20日線が上昇しているのに、5日線が20日線に近づいたり、いったん下に潜り込んだりして、その後株価が再び上昇を続ける場合、または、逆にそのまま下がり続ける場合は、トレンドの転換と考えられる。

株の売り時、買い時がわかる相場式シグナル

先の先を読むのが相場式シグナル

移動平均線を使った売買シグナルには、有名な「ゴールデンクロス」「デッドクロス」または「グランビルの法則」などがあります。これから、具体的な相場式シグナルを解説しますが、中には「ゴールデンクロス」「デッドクロス」と同じじゃないかと感じる方もいるでしょう。確かに似てるかもしれませんが、考え方はかなり違います。そもそも、「ゴールデン～」なんて、名前が長ったらしいと思いませんか？　相場式シグナルのネーミングは、もっとシンプルです。

相場式の株式投資方法では常に「先の先を読む」ことを最優先しています。よく聞くのが「ゴールデンクロスが完成したときはすでに株価は上がっていて、シグナル達成後は下落してしまうことが多い」ということです。その銘柄に資金を投じていない評論家なら「ここはゴールデンクロスだったから」と後講釈をすればいいだけですが、実戦では、それでは手遅れです。

コンスタントに手堅く稼ぐには、トレンド転換する前のシグナルをいかに見つけるかという

■陽線の連続は平均4日程度

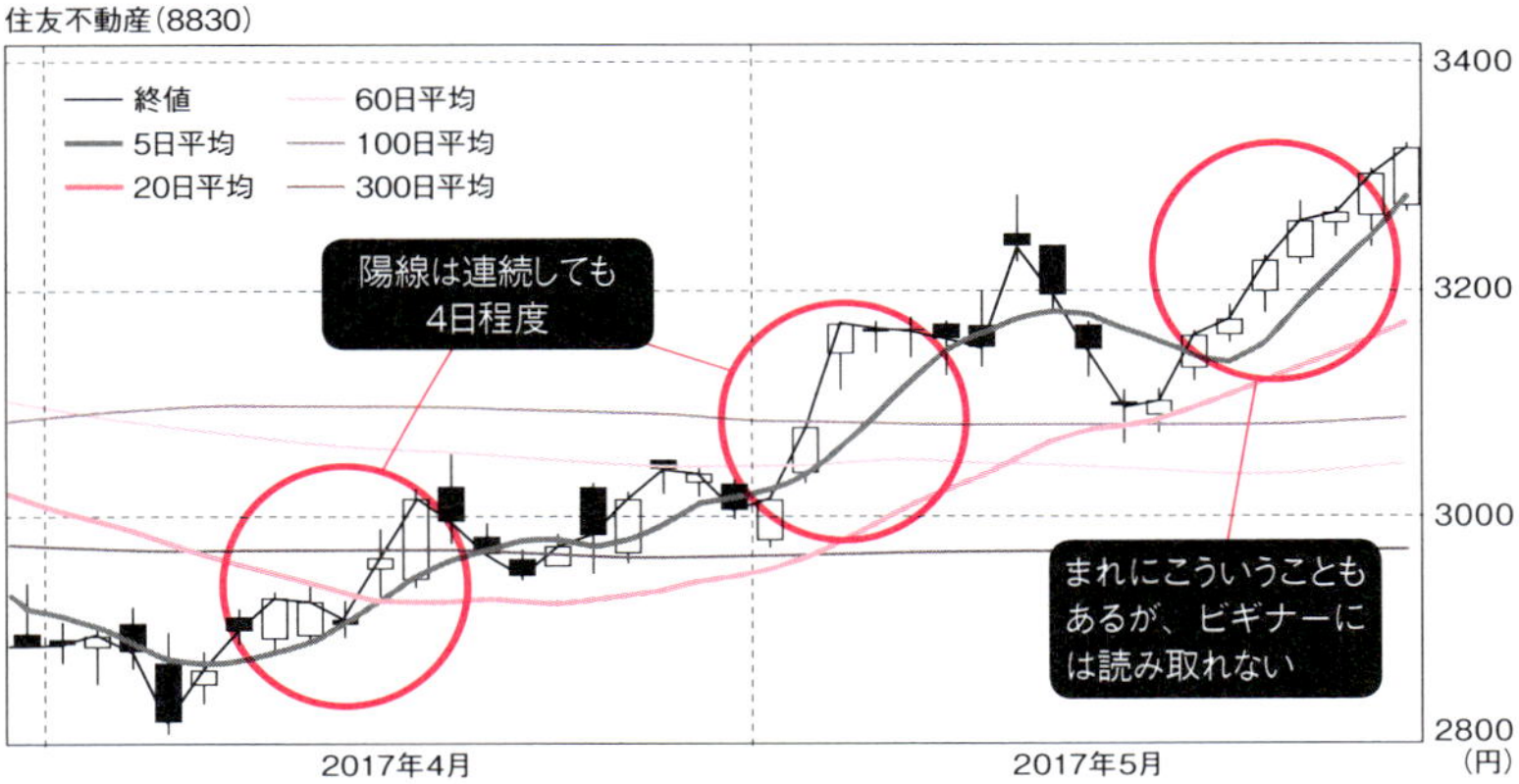
住友不動産(8830)
終値
5日平均
20日平均
60日平均
100日平均
300日平均
陽線は連続しても
4日程度
まれにこういうことも
あるが、ビギナーに
は読み取れない
3400
3200
3000
2800
(円)
2017年4月
2017年5月

上昇トレンドの中でいったん下がった局面で買い、4日ほどたったら売る、という売買を繰り返す。陽線が続くのは4日程度。それ以上続くこともあるが、投資初心者のうちは、上がると思っても4日を目安に売るのがいい。

ことがポイントです。テクニカル指標の売買シグナルが出たものを探すのではなく、「もうすぐなりそうなもの」を探すのです。

また、トレンドの大きな方向性が定まっている場合でも、株価は上下を繰り返しながら上昇していきます。例えば上のチャートを見ても、上下を繰り返しながら上昇しています。初心者の場合は、トレンド転換を狙うよりは、こういった上昇トレンドの中で売買をするほうがよいかもしれません。いったん下がった局面で買い、4日ほど上がって下げに転じたら売るという売買を繰り返すのです。

陽線は連続しても平均4日です。これは、過去のデータを67万回計算して得た結果です。これはどの銘柄も同じです。

それでは株の初動を捉えることのできるシグナルを具体的に見ていきましょう。

「下半身」「逆下半身」がトレンド転換の始まり

まずは、買いシグナル「下半身」、売りシグナル「逆下半身」です。トレンド転換するような株の勢いの初動を示すシグナルで、相場式シグナルの基本中の基本。その名の通り、愛と欲望にまみれた暴れ馬のような株価が5日線を思いっきり突き抜けるときに出現します。

●買いシグナル「下半身」……5日線が横ばいもしくは上向きに転じたところで、その下にあったローソク足が陽線でカラダ半分以上、上に抜ける。

●売りシグナル「逆下半身」……5日線が横ばいもしくは下向きに転じたところで、その上にあったローソク足が陰線でカラダ半分以上、下に抜ける。

過去のチャートでも必ず見ることができる「買い時」「売り時」の決定的なシグナルです。ぜひ、探してみてください。この形をしっかりと頭に焼きつけることです。

トレンド継続サイン「くちばし」

次にトレンドが加速するシグナル「くちばし」です。特にトレンドが大転換する前に出現するシグナルです。

●買いシグナル……上向きの20日線を、その下にあった上向きの5日線が上に抜けて「くちばし」の形になったとき。

●売りシグナル……下向きの20日線を、その上にあった下向きの5日線が下に抜けて「逆くちばし」の形になったとき。

ポイントは、両方の移動平均線がともに上向き（または下向き）というふうに、向きがそろっていることです。横ばいの20日線を5日線が抜けても「くちばし」ではありませんので、注意してください。20日線が上向きになっているということは、すでに株に上昇の圧力が強くかかっている状態です。そこを5日線が抜けば、一気に勢いが加速するというシグナルです。

ここで、「先の先を読む」ポイントですが、「下半身」と「くちばし」を合わせて考えます。仕掛けるタイミングとしては、まず「下半身」が出たところで打診買い、そして「くちばし」の完成を見つつ買い増しをしていくのです。これも練習を積むことが大切です。そうすれば、もうすぐ「くちばし」が完成するタイミングが自然とわかるようになってきます。

儲けやすいシグナル「ものわかれ」

初心者でもわかりやすく、儲けやすいシグナルが「ものわかれ」です。

●買いシグナル……上向きの20日線と平行して上向いていた5日線が、いったん下落して20日

線に近づくものの、接することなく「ものわかれ」して、また上昇する。

●売りシグナル……下向きの20日線と平行して下向いていた5日線が、いったん上昇して20日線に近づくものの、接することなく「ものわかれ」して、また下落する。

数ある相場シグナルの中でも、儲けやすいシグナルだと思います。「ものわかれ」は、上昇（または下降）が続くトレンド相場の流れがいったん緩んだものの、また同じトレンドに回帰する瞬間です。一般的な株式用語でいうところの「押し目買い」「戻り売り」に近いのですが、押し目買いは株価が下げている間に買い、戻り売りは上げている間に買うものです。これらと「ものわかれ」の大きな違いは、「いったん下げた（上げた）のに、再び上がった（下がった）ところで買う」のが「ものわかれ」の特徴だということです。

大相場のシグナル「N大」「逆N大」

私の投資歴35年の経験からいっても「N大」「逆N大」のシグナルは、大相場につながりやすく、狙い目です。「N大」は「ニチダイ」と読みます。文字通り、5日線の形がNや逆Nになったときをシグナルとして売買をします。

●買いシグナル「N大」……20日線、5日線ともに同じ方向に下がっていたのに、まず5日線が20日線を上に突き抜け、その後5日線が20日線にいったん近づいたが、再び反転上昇する

■買い時・売り時を見つける相場式「シグナル」①

下半身

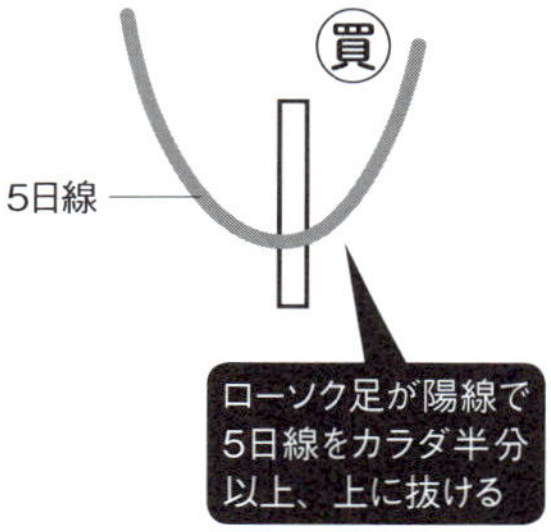

逆下半身

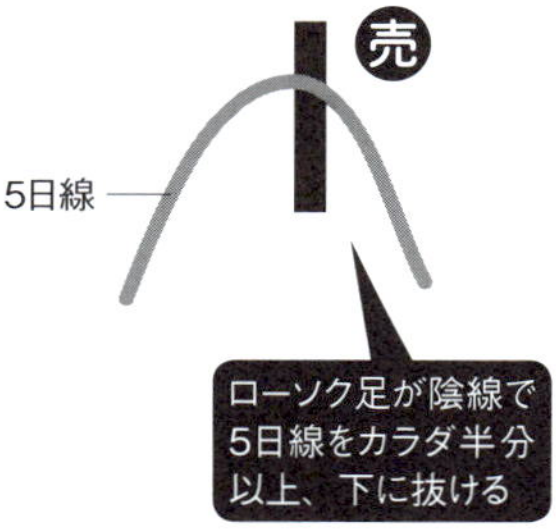

「下半身」「逆下半身」は、株価の勢いの初動を捉えるシグナルで、「売り時」「買い時」の決定打になる。例えば、5日線が上昇していて、陽線が半分以上飛び出した「下半身」が出現すると、高い確率で数日間は上昇が続く。

くちばし

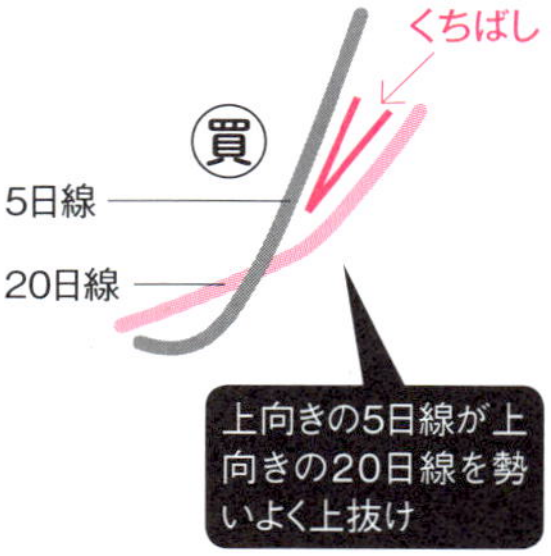

逆くちばし

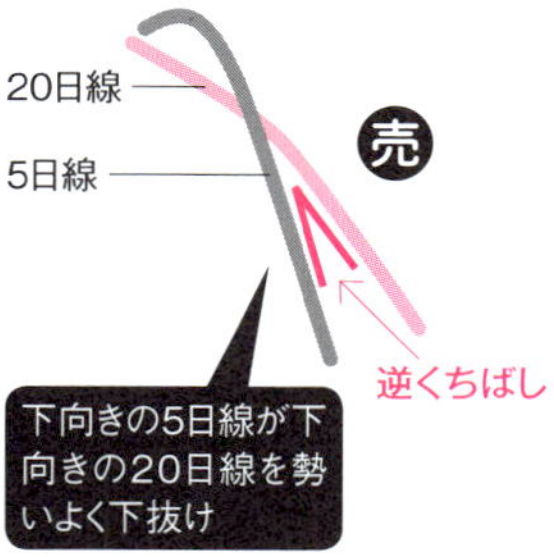

ビギナーにも見つけやすい基本シグナルの「くちばし」。重要なのは、5日線と20日線の向きが上向き（下向き）にそろっていること。横ばいの20日線を5日線が抜いていても「くちばし」にはならない。

ものわかれ

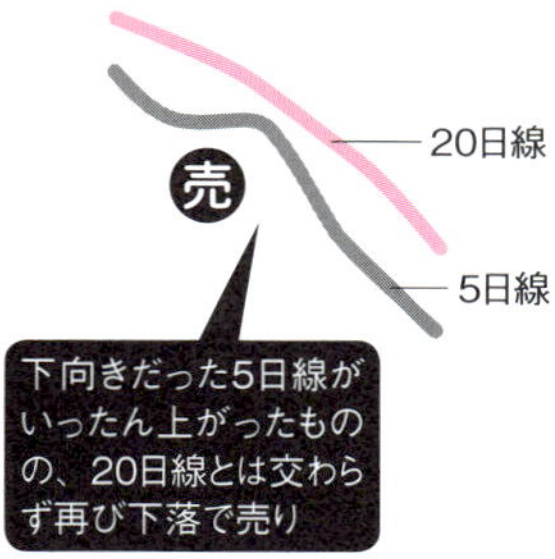

儲けの確率を上げる「ものわかれ」。押し目買いや戻り売りとの違いは、押し目買いが「下げている間に買う」のに対し、「ものわかれ」は「いったん下げたのに再び上がったところを買う」こと（「戻り売り」の場合は、その逆）。

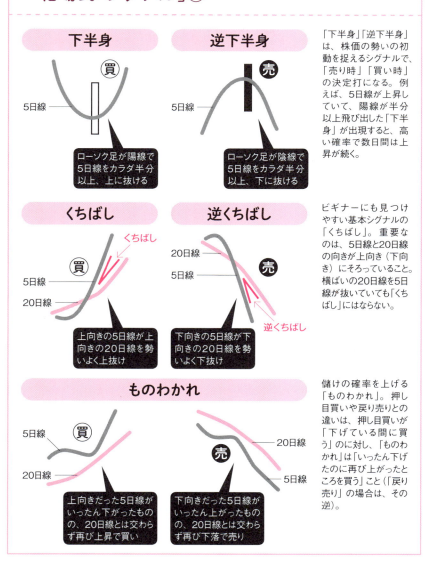

ときのシグナル。

●**売りシグナル「逆N大」……20日線、5日線ともに同じ方向に上がっていたのに、まず5日線が20日線を下に突き抜け、その後5日線が20日線にいったん近づいたが、再び下落するときのシグナル。**

「N大」「逆N大」ともに、5日線が元の方向に戻りきれずに、再び反発し始めたときが売買のタイミングです。5日線と20日線が同じ方向に動いていたのに、まず5日線がそのトレンドを破り、20日線のトレンドに戻ろうとするが、戻りきれずに反発する。それだけ強いエネルギーを持っている強力なトレンド転換のサインで、それだけに大相場につながりやすいのです。

いつ売買しても儲かる「高校生タイム」

上昇トレンドに入ると、株価は「ものわかれ」を繰り返しながら上昇していきますが、時に「ものわかれ」すらせずに、ずっと5日線と20日線が平行して上昇するときがあります。

これを「高校生タイム」と名づけました。まさに、上昇トレンド、下降トレンドの青春期です。このタイミングは、いつ買っても、いつ売っても儲かる貴重な時間です。「高校生タイム」が発生したら、どれだけ早い段階でその流れに乗れるかが、投資の成績に直結します。「高校生タイム」が続く限り、トレンドが継続して、利益がどんどん増えていくからです。

■買い時・売り時を見つける相場式「シグナル」②

N大

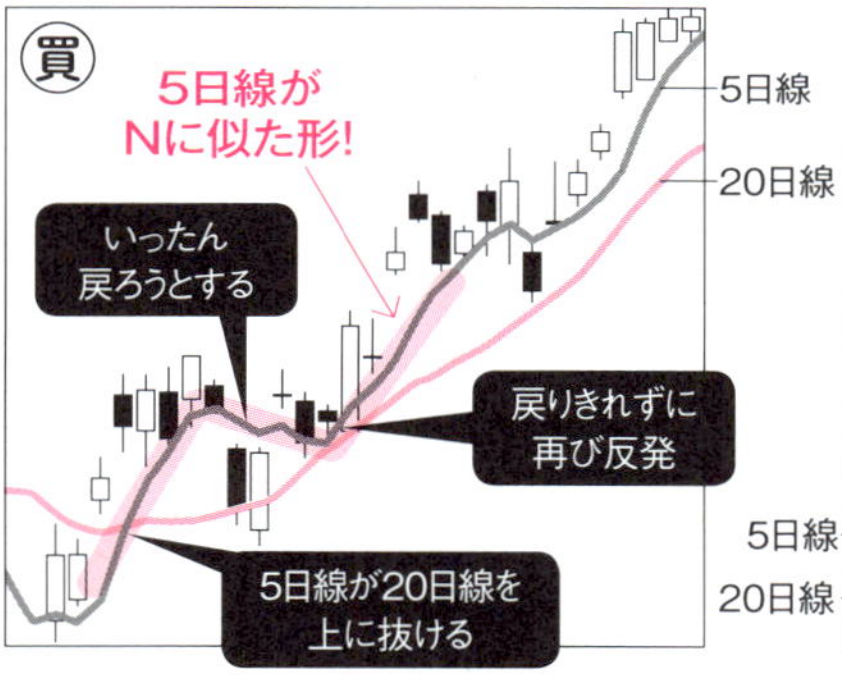
買
5日線がNに似た形!
いったん戻ろうとする
戻りきれずに再び反発
5日線が20日線を上に抜ける
5日線
20日線

逆N大

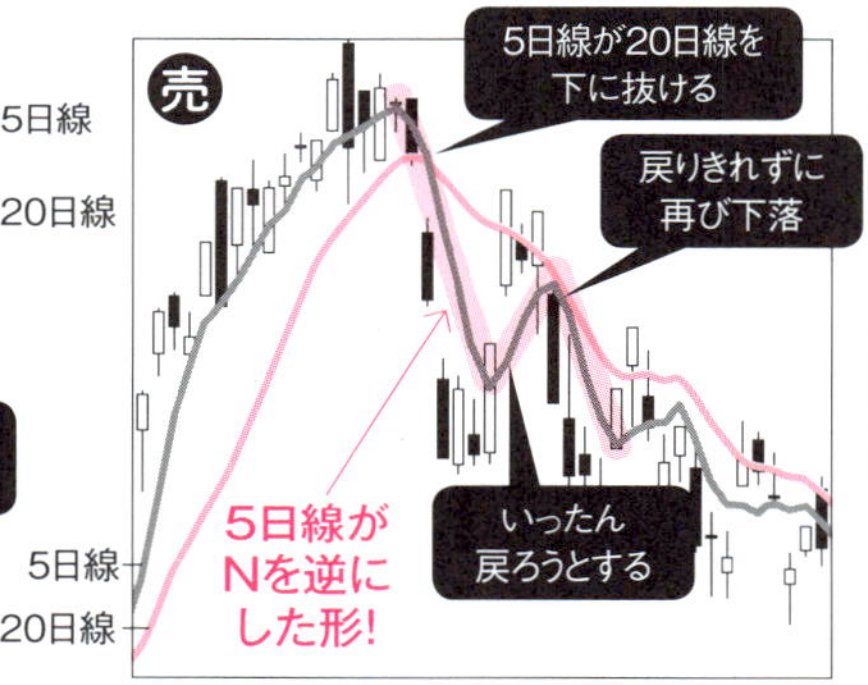
売
5日線が20日線を下に抜ける
戻りきれずに再び下落
5日線がNを逆にした形!
いったん戻ろうとする
5日線
20日線

強力なトレンド転換で大相場につながりやすい「N大」と「逆N大」。実際の売買のタイミングは、「5日線がこれまでとは逆方向に動いて20日線を抜けた後、いったん元の方向に戻ろうとしたのに反発し始めたとき」。

高校生タイム

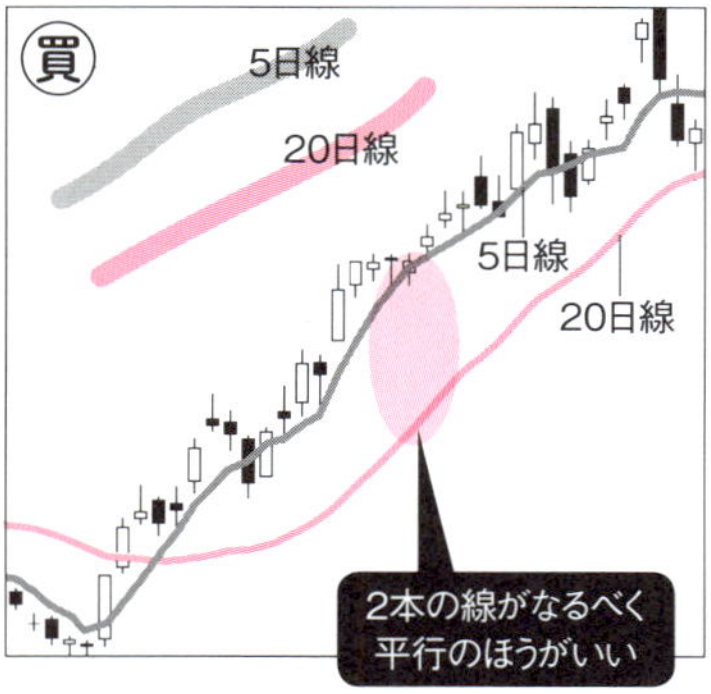
買
5日線
20日線
5日線
20日線
2本の線がなるべく平行のほうがいい

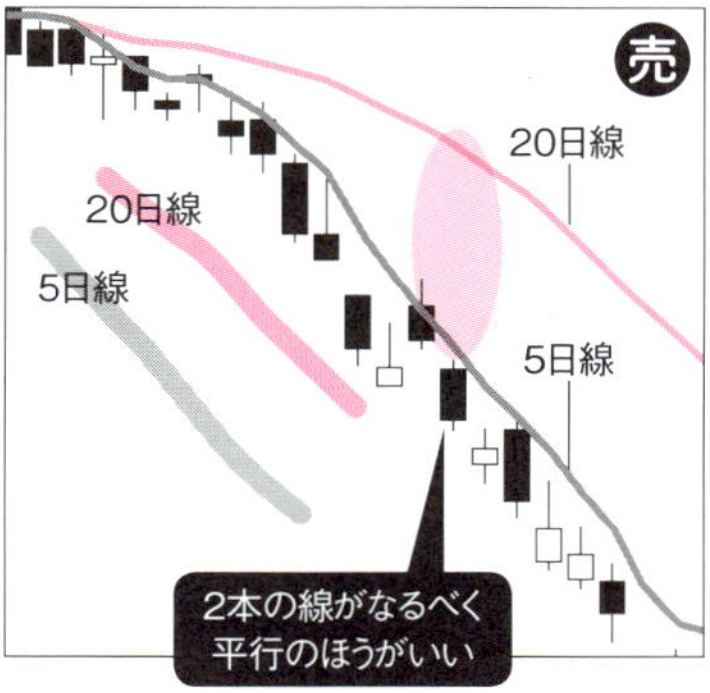
売
20日線
20日線
5日線
5日線
2本の線がなるべく平行のほうがいい

「高校生タイム」発生の初動にどれくらい早く乗れるかが、株式投資の成績に直結する。トレンドが継続して「高校生タイム」が続く限り、いつ売っても買っても利益はどんどん増えていくという幸せな構造。

下げ相場でも儲かる
信用取引入門編

カラ売りで、より多く儲けを増やす

当たり前の話ですが、株価は上がるか下がるか横ばいか、いずれかの方向にしか動きません。しかしこの基本は、とても重要なことなのです。長期上昇トレンドが続いている銘柄でも、途中で「上がる↓横ばい」を繰り返しているからです。

左ページの図に表したような「上がる↓横ばい↓下がる」または、その逆のパターンは基本形です。この値動きは、日本の約３６００銘柄の過去30年分のチャートを調べても、いたるところに出現するパターンです。

もし、売買のスタートが「株を買う」ことからしかできないと、上昇トレンドの局面でしかチャンスはないということになります（横ばいの局面や下降トレンドの局面でも、勝てないことはないのですが、初心者には特に難しいでしょう）。

しかし、逆に「株を売る」ことからスタートできれば、下降トレンドの局面でも大きなチャ

■値動きの基本は「上がる→横ばい→下がる」

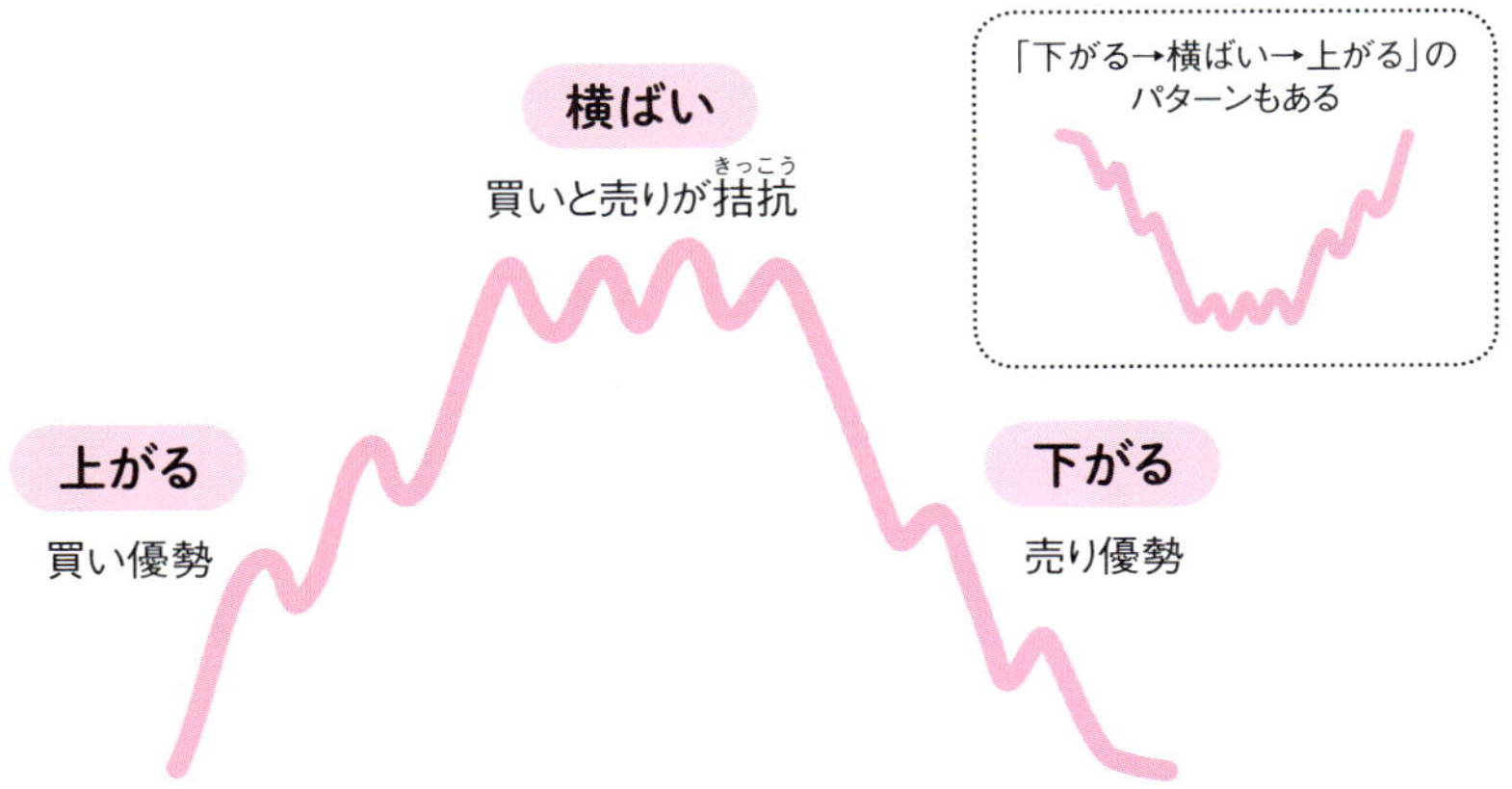
横ばい
買いと売りが拮抗《きっこう》
上がる
買い優勢
下がる
売り優勢
「下がる→横ばい→上がる」のパターンもある

「株を買う」ことからしかスタートできない場合は、「上がる」局面でしか儲けることはできないが、「株を売る」ことからもスタートできれば、「下がる」局面でも儲けが出せる。

ンスが広がります。これを「カラ売り」といいます。株を売ってスタートし、下落したところで買い戻す。下落した分が利益になります。

実は私のトレードの半分以上は「カラ売り」です。個人的な好みとしても、買いの局面より「カラ売り」のほうが大好きで、儲けられると思っています。

株がいつなぜ買われるかということは、株歴35年の私の経験をもってしてもなかなかわかりません。割安な株を見つけて買ったとしても、ほかの投資家が買いたいと思わなければ株価は上がりません。しかし、買われた株は必ず売られます。株価が上がれば、利益確定の売りが出て必ず下がるのです。

また、売る理由は、投資家の都合によるところが大きいという一面もあります。利益確定のほかにも、ちょっと現金が必要になったなどという場合です。年金資金も、いつかは売って年金支払いに回さないといけません。そのサイクルはだいたい5年です。

年金資金が大規模な株式投資を始めてから、5年ほどがすでに経過していますので、そろそろ株を売らなければならない局面が近づいています。

カラ売りのしくみ。「信用取引口座」の開設が必要

ここで、少しカラ売りの説明をしておきましょう。

持っていない株をどうやって売るのか？　しくみとしては、売るための株を借りて売り、後で買って返すという流れになります。売ったときより、株価が下がれば利益が出ます。例えば、1500円でカラ売りした株価が1000円に下落したところで買い戻せば、500円儲けたことになります。100株単位なら5万円です。

カラ売りをするためには、証券会社に現物株口座以外に「信用取引口座」を開設する必要があります。口座に「証拠金」という形で自己資金を入れると、その資金を担保に証拠金の約3倍の株を売買できるようになります。100万円あれば300万円分の株を売買できるということです。

これをレバレッジ効果といいますが、その分ハイリスク・ハイリターンで、損失が出た場合

■カラ売りのしくみ

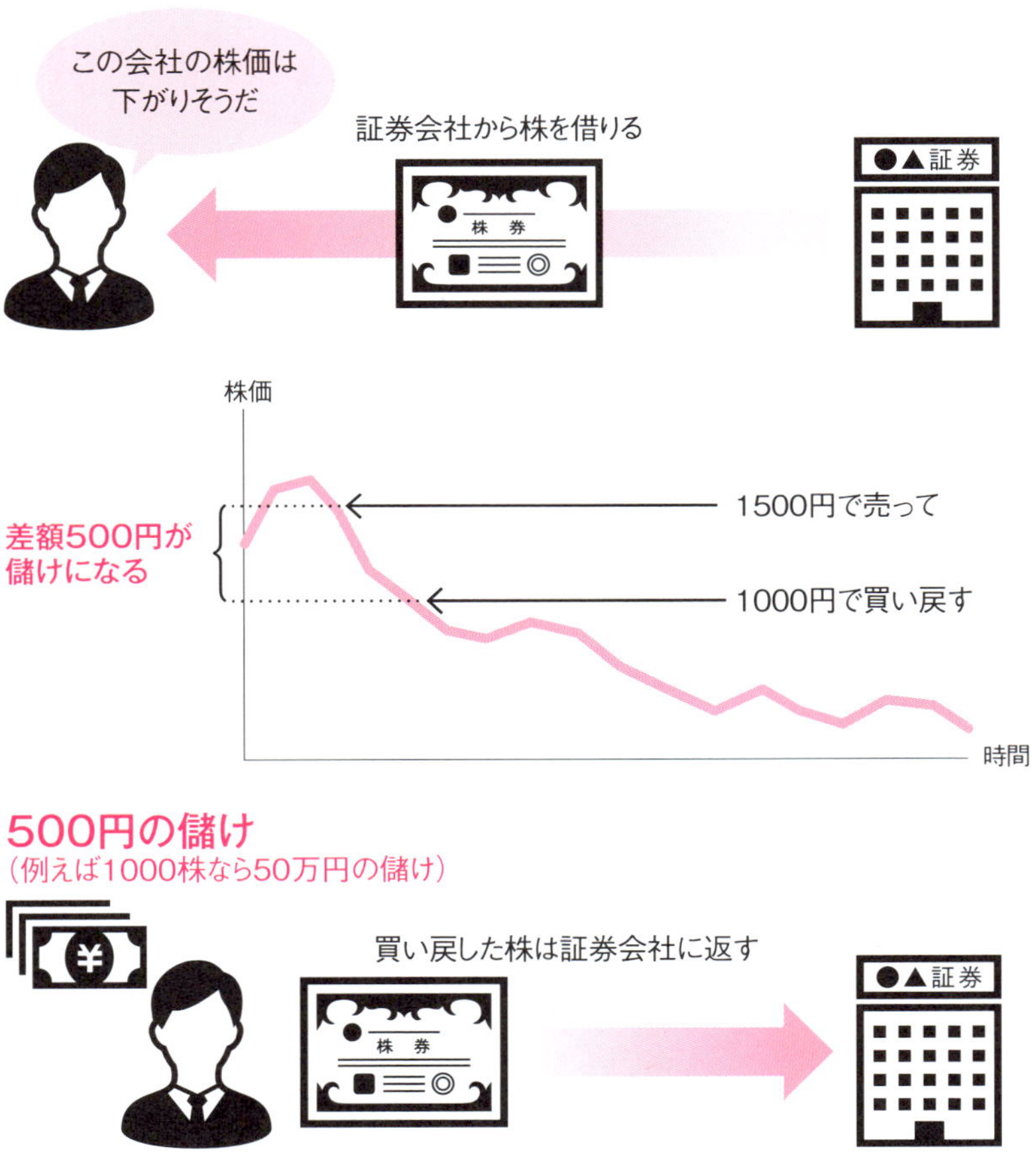

注意!

信用取引では、証券会社から借りた株式を6カ月以内に返さなければならない。現物取引に比べ最大で3倍の利益を得られる半面、損失も3倍になるが、損失が出ている場合であっても6カ月後には株式を返さなければならない。

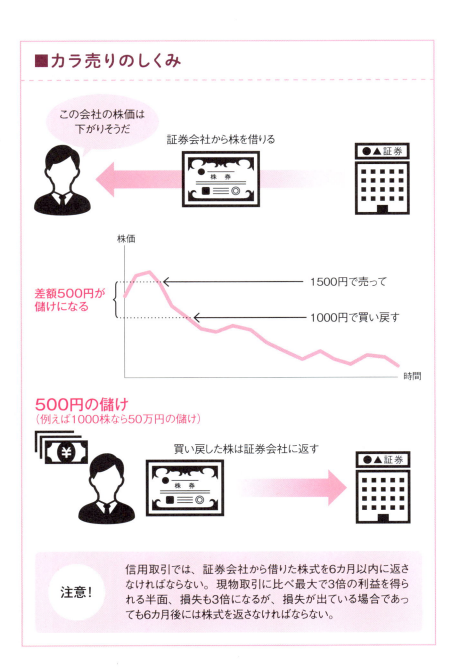

は、追加保証金（追証《おいしょう》）を要求されます。初心者はレバレッジをかけないほうが無難でしょう。

売りと買いの両建てで、利益を確実にする

カラ売りができるようになると、トレンドが上向きでも下向きでも、どんな局面でも儲けることができるようになります。

また、買いと売りの両方のポジション（持ち高）を持つことを「両建て」といいます。買いと売り、両方を同じ株数持っていると、株価が上がっても下がってもプラスマイナスゼロになります。リスクヘッジともいいますが、相場の局面を見極めるときに、ポジションをとったまま様子見するのです。株価の流れを〝点〟ではなく〝面〟で捉えるという究極の投資法でもあります。これで、株価の上下運動に振り回されることなく、利益を最大限に追求することができるのです。

一例として、ローソン（２６５１）のチャートを使って、説明します（次ページ参照）。

①で陰線が5日線を割り込み「逆下半身」が出現しました。ここでカラ売りします。

②で上ヒゲ陽線が出ましたが、まだ勢いが弱いと判断し、カラ売りを継続。③の陽線で、いったんカラ売りを決済します。その後も下落を続けていますが、シグナルが出ないので、様子見です。そして、④、⑤で「逆下半身」が出たところで、再びカラ売りします。そして、⑥の

■買いと売り、両建ての組み合わせ

ローソン(2651)日足チャート

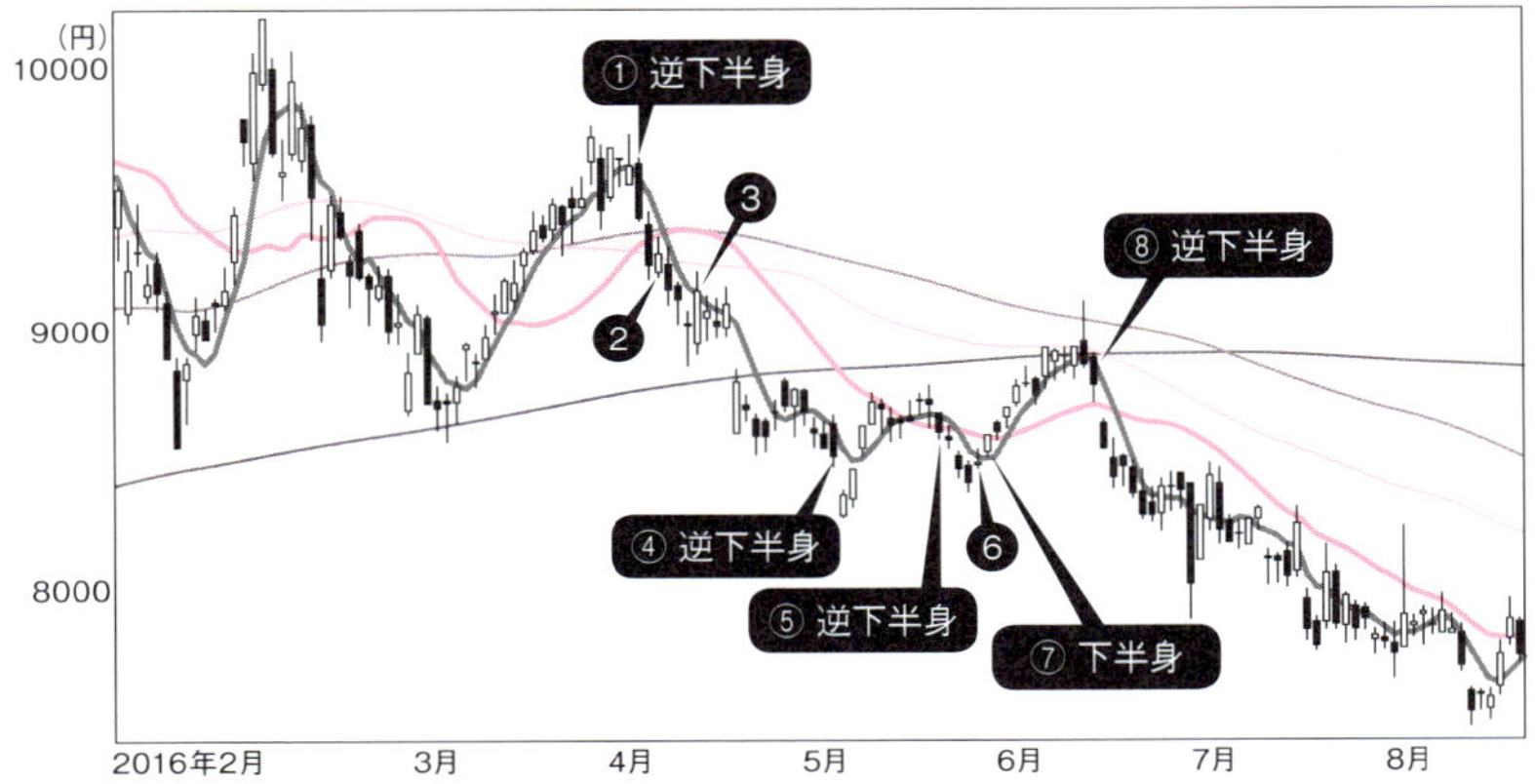

「下半身」の出現で買い、「逆下半身」の出現で売る。買いと売りの両方のポジションを持ち、局面に応じてその量を調整していく「建玉の操作」で売買を繰り返し、時には両建てのポジションも使って、株価の流れを「点」でなく「面」で捉える。

陽線が出たところで利益確定したいところですが、ここであえて売りポジションは決済せず、少し買い両建てにし、⑦の陽線「下半身」でも買い増しして、売りと買いのポジションを同じにします。

全体のトレンドは下落トレンドですが、⑦の「下半身」で2、3日上がる可能性が強い。売りポジションだけで、株価が上がったときに慌てないためのリスクヘッジです。読み通り、数日間株価は上がりましたが、トレンドは下落傾向です。⑧で、明確な「逆下半身」が出たところで、買いポジションを決済し、売りポジションだけにします。

あくまで例ですが、買いと売りの両方のポジションを持ち、リスクヘッジをかけながら、確実に利益を確定していく方法です。これは、相場式トレードの最終奥義です。

チャートの活用で月10万円稼ぐシミュレーション

ショットガン投資法で月10万円稼ぐ

買いと売りの両建ては、初心者には難しくリスクが大きいと言わざるをえません。しかし、初心者でも簡単に稼ぐことのできる投資方法が「ショットガン投資法」です。この手法でも200万円を元手に月に10万円を稼ぐことは不可能ではないでしょう。

方法はとてもシンプルです。これまで紹介してきた「下半身」「くちばし」「ものわかれ」「N大」「高校生タイム」といった、売買シグナルを見極めて売買すればよいのです。「下半身」「逆下半身」のシグナルを例にした具体的な手順は次の通りです。

①まずＪＰＸ４００のチャートを一つひとつチェックします。②5日線と20日線が並んで上がっていて、または下がっていて、5日線と20線が近づきつつある銘柄をリストアップします。③日々その銘柄の値動きを観察します。④5日線が20日線に近づき、再び離れていき、5日線上に「下半身」の陽線が立ったら買い、「逆下半身」の陰線が立ったら売り。

■売り買いのポイント

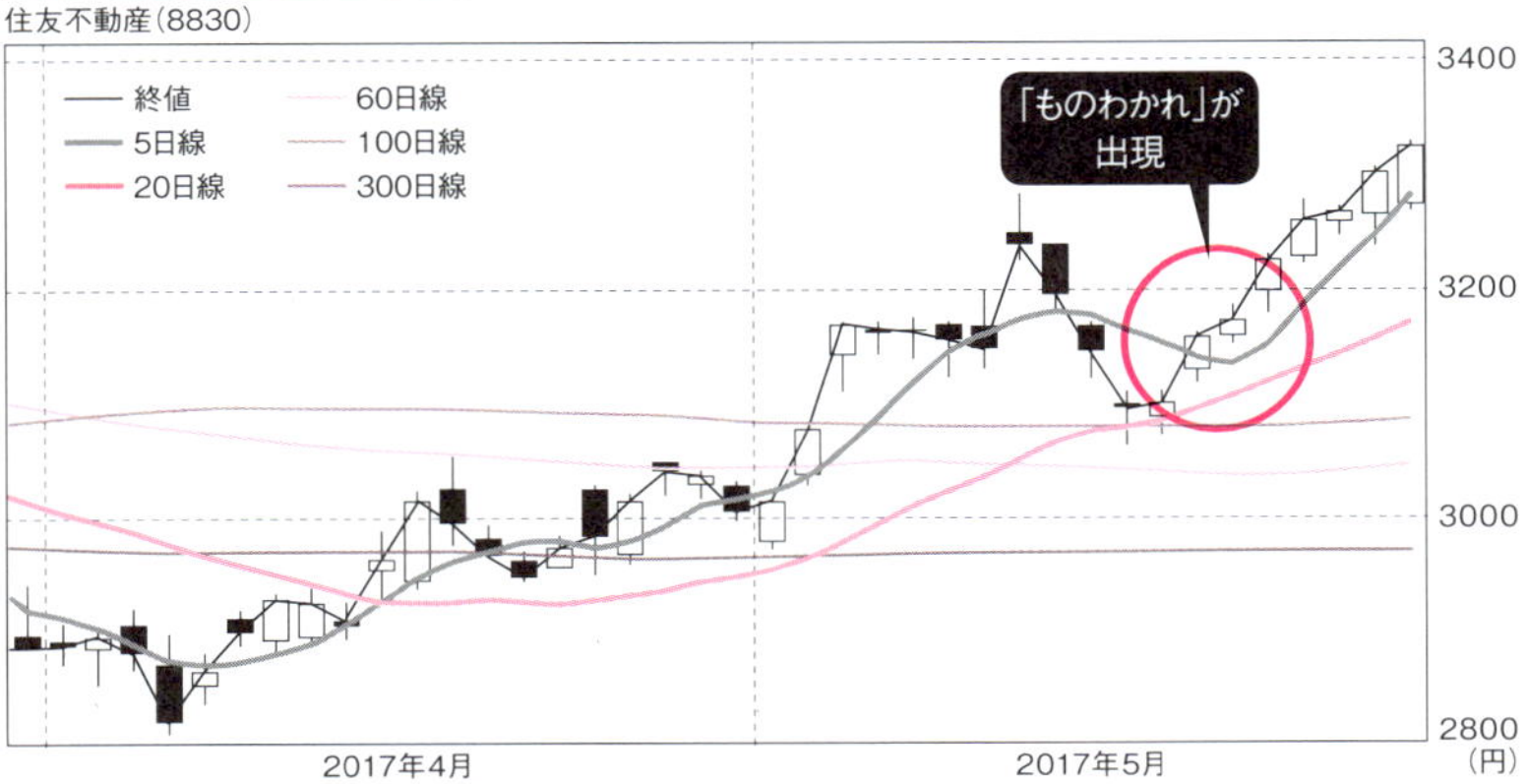
住友不動産(8830)
終値
5日線
20日線
60日線
100日線
300日線
「ものわかれ」が出現
3400
3200
3000
2800
(円)
2017年4月
2017年5月

5日線と20日線が並んで上がっていく「高校生タイム」のシグナルが続いた後、「ものわかれ」が出ているので、ここで買う。この場合は、その後も上昇を続け9%以上値上がりしたので、元手200万円で数日の間に10万円以上稼げることになる。

これだけです。もちろん、ほかのシグナルが出ても同様に売買を仕掛ければよいのです。

上のチャートを見ても、5日線と20日線が並んで上がっていき、「ものわかれ」が出ています。ここでは買いです。この場合は、その後も上昇を続け9%以上値が上がりましたので、陰線が出るまで保有していたら、元手200万円で楽に10万円以上稼げたことになります。これは、かなり珍しい例です。陽線が続く平均日数は4日です。実際は、もっと短いサイクルで売買を繰り返し、利益を膨らませていきます。

ショットガン投資法の基本戦略は、次の通り。

●保有期間は1～7日で決済する「7の法則」
●原則は順張りで短期的な株価の勢いに乗ることだけを心掛ける
●ローソク足の陽線で買い、陽線が続く限り保有、陰線が出たら利益確定

●陽線が続いても、終値が前日より低ければ利益確定

ポイントは、どれだけシグナルを発見できるかということです。

仮想売買で月10万円稼ぐシミュレーション

47ページの図は株価チャートに相場式のシグナルを書き込んだものです。同じように、ほかの銘柄のチャートでもシグナルを発見してみてください。この練習を３００回やったら、かなりの勝率になります。自分なら、どこで買ってどこで売るか、シミュレーションするのです。さらに２００万円を元手にした場合、いくらの利益が出るのかもシミュレーションすると、実際10万円稼ぐには、どういうパターンのチャートなら可能なのかもわかってくるでしょう。

２００万円を元手にした場合、例えば2%の利益が出る取引が2回、１%の利益が出る取引が1回あれば、10万円稼ぐことができます。もちろん、１００%勝つことは難しいでしょう。もし、予測が外れ、株価が逆に動いた場合は、すぐにロスカットしてください。チャンスはまた、すぐにきます。ロスカットを考えれば、２%の利益が出る取引を3~4回行う必要があるでしょう。

基本のシグナルは、やはり「下半身」「逆下半身」です。これだけでも高い勝率を収めることができます。例えば、次の２つのルールだけでも取引チャンスはかなりあります。

■相場式の「シグナル」を書き込んでみる

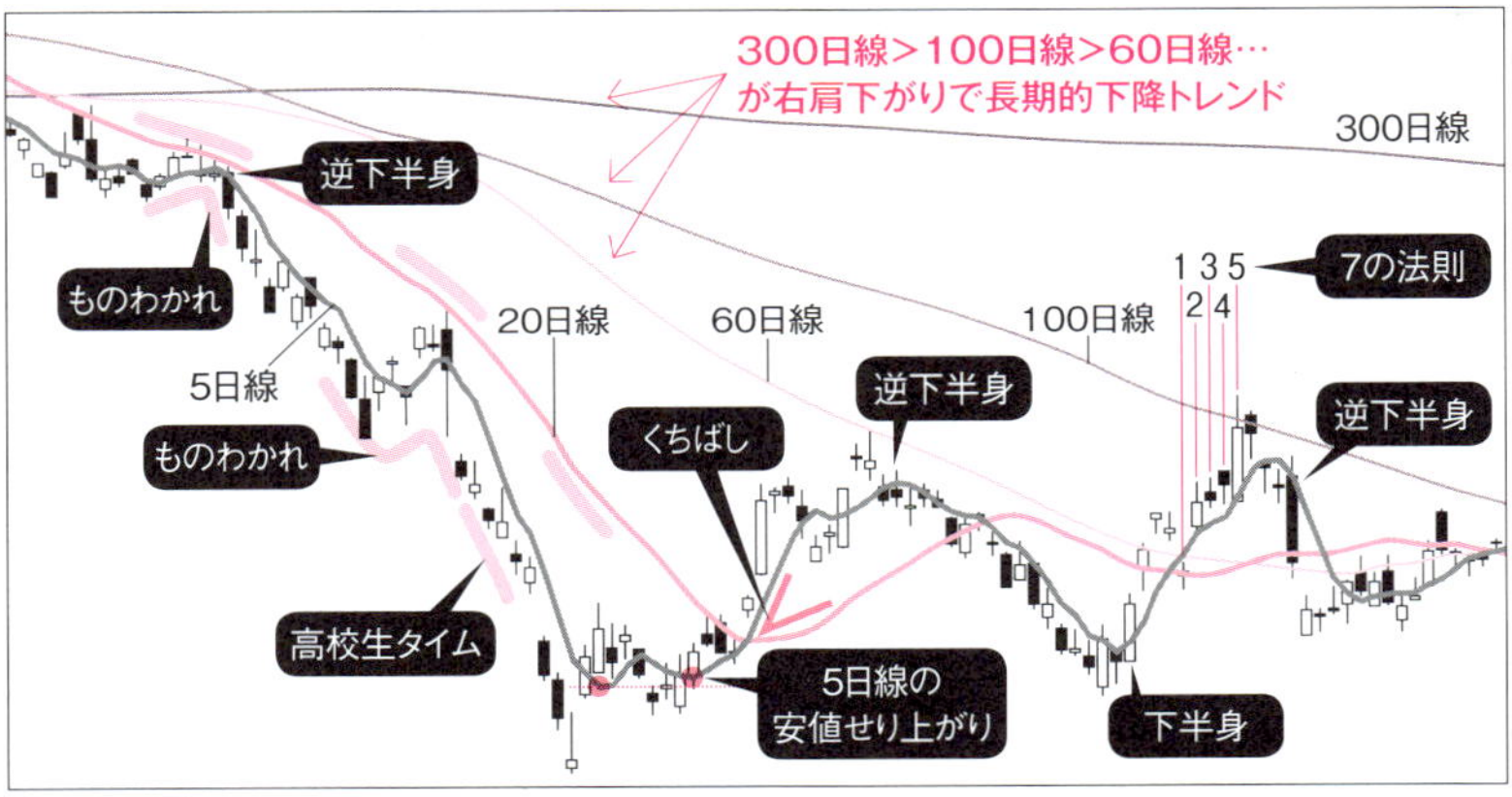

JPX400の中から、自分の知っている銘柄を選んで、ランダムにチャートを抽出し、上のように相場式シグナルを書き込んでみる。これを3000回繰り返し、スラスラできるようになったら、実際の売買で「再現」が可能になる。

①5日線上の陽線「下半身」で買って、終値ベースで下落するまで買い継続

②5日線上の陰線「逆下半身」で売って、終値ベースで上昇するまで売り継続

「下半身」と「逆下半身」はどちらが、より精度が高いか。それは、過去10年分見た結果「下半身」のほうが、より当たりやすいということがわかりました。「下半身」は大底圏でもみ合った後に、よく出てきます。大暴騰より大暴落のほうが、起こる頻度が高いのは、みんな「売る」ことには躊躇《ちゅうちょ》がないからです。その分、いったん下げ止まると反転上昇も早いのです。「下半身」はそうした下げ止まりの明確なシグナルです。

初心者のうちは、まず「下半身」シグナルだけに絞って、トレードするのもよいでしょう。

COLUMN

投資失敗体験記①～仮想通貨編

コインチェックNEM流出事件勃発!! 口座には億の資金が…(汗)!!

Akito

株式投資の経験を活かし、仮想通貨投資に参戦!

僕が仮想通貨の取引を始めたのは昨年（2017年）の10月です。ちょうどビットコインの価格が急騰していく手前でした。きっかけは、ある投資家のオフ会です。友人の投資家が、これからは仮想通貨だと熱く語ってきたので、それならちょっとやってみるかなと、軽い気持ちでした。

僕は、株式投資の経験は17年ほどありましたし、当時2億7400万円ほどの資産がありました。さまざまな投資手法も熟知しているつもりです。仮想通貨そのものの技術については、ざっくりとした概要は把握しましたが、あまり細かいところまでは勉強しませんでした。ただ、チャートを見てわかったのは、とにかくボラティリティ（変動幅）が大きい。つまり、値動きの幅が大きいということです。そのチャートの特性からデイトレをやってみることにしたんです。

仮想通貨は取引所という株式でいう証券会社のようなところで売買が行われます。取引所はいくつかあるのですが、僕が選んだのは、後に大事件を起こすコインチェックでした。とりあえず資産はあるので1000万円を元手にスタートしました。仮想通貨はビットコインです。

デイトレで順調に勝ち続け1000万円プラスに！

　投資手法は、価格が20％超下がったときに買い、5～10％上がったら売るという、シンプルなものです。投資手法そのものは株式投資と変わりません。ただし、株式投資と大きく違うのは、値幅制限がないということです。値幅制限とは、1日の値動きが制限されていて、その値段になるとストップ高やストップ安になり売買が自動的にできなくなることです。仮想通貨の場合はそれがない。株式相場で20％超下がるというのは、そうあることではありません。つまり、ハイリスク・ハイリターンです。

　また、株式の値動きについては後付けであっても理由が見つかります。しかし、仮想通貨の場合、なぜ上がったのか下がったのか理由がわからない場合も多々あります。そういうこともあって、テクニカル手法のデイトレにしたんです。

　取引を始めて以来、ビットコインはすさまじい勢いで上昇していきました。トレードも順調で、年内はプラス600万円、年が明けてもプラス400万円、事件が起こるまで、1000万円ほどのプラスでした。

NEM流出事件発覚、すでに1億円を投資

　このようにトレードがかなり順調だったこともあって、資金も株式から仮想通貨にシフトしていました。1億の資金をビットコインに投資していたのです。

　そこで、例のNEM流出事件が勃発。口座は凍結されてしまいました。幸いNEMには投資していませんでしたが、正直、かなり焦りました。口座は凍結され資金を引き出すことはできませんでしたが、取引はできたんです。そこで、すぐにビットコインを売って現金に換えました。1億800万円です。問題は、これが戻ってくるかどうか。会見では、返金すると言っていましたが確証はありません。

　かつて、同じような事件がマウントゴックスでありました。この事件ではいまだ顧客への返金はありません。額が額だけに、もちろん不安でいっぱいでした。

　結局、お金はすべて返金されました。ほっとしました。当初プラスになっていたこともあり、損失はありません。ただ、資金を1カ所に集中させるリスクは感じましたね。

　今は仮想通貨取引はやっていません。また、大きく価格が変動するような局面になったら、始めようかなと思っています。実は、本業の株式投資も2月の暴落で凹んだので、しばらくはポジションを減らして、海外旅行でもして休養するつもりです。

Akito氏●プロフィール
投資歴17年の億り人。大学生の頃から株式投資に目覚める。一度は、資産をすべて失うが、諦めずにいちからやり直す。デイトレ、システムトレードからバリュー投資まで、さまざまな投資手法を駆使する。

第2章

60万円を7年で3億円にした企業分析とチャート分析の組み合わせ投資

2限目

講師◉堀哲也先生

2限目のポイント

60万円を7年で3億円にした投資手法を役立てる

私は社会人5年目のとき、貯金750万円を元手に株式投資デビューしました。当初はファンダメンタルズだけで投資し、資産を1500万円まで増やしました。ところがリーマン・ショックの影響で、その資産を60万円にまで減らしてしまったのです。

諦めずに投資を続け、その後は順調に資産を増やしたのですが、今度は東日本大震災で破産しかけました。それでも諦めずに投資を続けた結果、ついに7年目にして3億円を達成したのです。

投資手法は、独学で身につけました。その基本は、高い成長性やカタリスト（材料）があり、実際の株価と期待する株価の間に「ギ

月10万円稼ぐPOINT

元金 120万円から

手法 少額投資による集中投資。企業業績と株価の間にある「ギャップ」を見つけ出し、テクニカルの裏付けを取って、投資額2倍のパフォーマンスを狙う。

ャップ」がある銘柄への集中投資です。

投資は分散投資が安全といわれますが、少ない元手での分散投資では、今回のテーマである「月10万円」を達成するのは難しいでしょう。しかし7年で3億円を達成したこの投資方法なら、きっと役に立つと思います。

一つ覚えておいてほしいのは、株式市場は富を奪い合う〝戦場〟であるということです。我々一般人がプロとハンデなしで戦うわけですから、当然本業以上に真剣に取り組む必要があります。

しかし、恐れすぎることはありません。いろいろな相手（特に機関投資家）があなたの資産を奪おうと虎視眈々と狙ってきますが、常に冷静に対処することができれば、あとはある程度の経験を積むことで勝ち組投資家になることも可能なのが株式投資の世界です。

堀哲也（ほり てつや）

専業投資家。男性。40代。一度は破産寸前の危機に見舞われながら立ち直り、7年間で60万円の資産を3億円に増やして話題となった日本株専門投資家。Facebook: https://www.facebook.com/people/Tetsuya-Hori/100009287389911

投資初期のうちに一度は「勝負」してみる

ある程度のリスクは覚悟の上で

投資の世界では、60万円を120万円にするのも、1億円を2億円にするのも、かかる手間と時間は変わらないといわれています。どちらも投資額を2倍にするだけだからです。

したがって、月に10万円といわず、最終的に3億円を目標にした場合は、その「投資額を2倍にする」という方法を9回達成すればいいということになります。

では実際、投資額を2倍にする投資とは、どのようなものなのでしょうか。

例えば55ページのチャートは、私がマイネット（3928）の株式を売買したときのものです。スマホゲームのリサイクルを行うビジネスモデルに注目して、850円で買い、1年半後に3100円ほどで売りました。これだけで2倍以上の投資が達成できています。利益は100株で22万5000円ですから、800株買っていれば1年半で180万円＝年間120万円という目標が達成できたことになります。850円×800株で、投資額は68万円です。

■1年半で株価が3倍以上に値上がりしたケース

2016年1月頃から、マイネットの株を1株850円前後で購入。2017年7月に、『会社四季報』やIRニュースで得た情報で、買いの理由が崩れたため、3100円ほどで売却。

もちろん、すべてがこのようにうまくいくわけではありませんが、このように考えると、月10万円、年間120万円という目標も、そう難しいことではないように思えてきます。

ここで大事なのは、投資を始めた最初のうちに「一度くらいは勝負したほうがいい」ということです。ここでいう「勝負」とは、集中的に1銘柄に投資することを意味しています。資産規模が大きくなってから集中投資をして失敗すると、取り返しがつかなくなります。資産規模が小さく、失敗しても取り返しがきくうちに、大きく勝負して資産を増やすという選択肢です。例えば一気に資産が1200万円になれば目標の10年分を先取りしたことになります。しかも、資産の全額を使えというわけではなく、50万円、100万円単位の投資からと考えると、気も楽ですよね。

業績と株価の間に「ギャップ」がある企業を探し出す

会社の真の評価ができる目を養う

　では具体的な銘柄選びの方法から見ていきましょう。ポイントは「会社の真の評価と市場の評価との間でギャップがある銘柄」を選ぶことです。言い換えれば、なんらかの理由で異常に割安に売り込まれている銘柄です（カラ売りの場合は、逆に異常に買われすぎている銘柄）。

　真の評価と株価との「ギャップ」は、いずれ解消されますので、「会社の真の評価ができる目」があれば、そのギャップを取りにいくことができます。その具体的な方法を説明しましょう。

　日本には3600社近い上場企業があります。その中から「ギャップ」のある銘柄を探すのは、普通に行えば大変な作業です。そこで私のやり方を紹介しましょう。

　一つは、「Yahoo!ファイナンス」の掲示板です。その中で検索数が上位の銘柄をチェックします。多く検索されている銘柄には、それなりの理由があるはずだからです。その際、念のため出来高増加率上位銘柄もチェックし、前日の出来高が少ないことでランキング上位に

■掲示板などで名前が出た銘柄をチェック

Yahoo!ファイナンス掲示板（2018年3月20日）

順位	コード	市場	名称	取引値	
1	3825	東証2部	(株)リミックスポイント	15:00	901
2	6835	東証2部	アライドテレシスホールディングス(株)	15:00	222
3	3656	東証1部	KLab(株)	15:00	1,681
4	3323	東証JQS	レカム(株)	15:00	260
5	3808	名古屋セ	(株)オウケイウェイヴ	15:30	3,600
6	3782	マザーズ	(株)ディー・ディー・エス	15:00	646
7	6568	マザーズ	神戸天然物化学(株)	15:00	3,810
8	6467	東証JQS	(株)ニチダイ	15:00	3,670
9	2928	札幌ア	RIZAPグループ(株)	15:30	1,604
10	4594	マザーズ	ブライトパス・バイオ(株)	15:00	769

Yahoo!ファイナンス→株式→株式ランキング→ソーシャルランキング→掲示板投稿数とたどっていくと、掲示板投稿数の多い銘柄のランキングが得られる。「Yahoo!ファイナンス　掲示板投稿数」で検索してもよい。

■会社をふるいにかけるポイント

除外する銘柄	
	●日経225採用銘柄 ●時価総額が1000億円以上 ●買いの理由が弱い ●すでに株価が上がっている（割高な銘柄）

いわゆる「一流企業」の株価は、何倍にもなるような大化けをすることはまれなので、数十万～数百万円の元手で月に10万円、さらに将来的に億単位の資産形成を目指すには不向き。割高銘柄、買いの理由が弱い銘柄も同様。

ランクされている銘柄は除外します。

もう一つの情報源は「株探」です。ここではファンダメンタルズ、テクニカルなどの、さまざまな指標から選び出した銘柄を紹介しています。

「ギャップ」を見つけてさらに銘柄を絞り込む

こうしてざっくりと銘柄を選び出したら、さらに投資対象を絞り込みます。私が除外条件としているのは、57ページ下図に示した4点です。例えば日経平均を構成する日経225の採用銘柄は、いわゆる一流企業で、株価が大化けするようなことはめったにありません。それでは、少額投資で月に10万円もしくは年間120万円の儲けを狙う本書の趣旨とは合いません。さらに、絞り込んだ銘柄が投資対象として相応しいかのポイントは、次の2点です。
①その銘柄の真の価値と株価に「ギャップがあるか」
②そのギャップを埋めるための「きっかけがありそうか」
もし両方に該当すれば、これは立派な投資対象候補です。具体的には、次のような例が考えられます。

- **買いの理由がもっと評価されてよいはずなのだが、株価が割安に放置されている。**
- **業績の上方修正が見込まれているにもかかわらず、株価が上方修正を織り込んでいない。**

■銘柄を絞り込むポイント

進捗率を見る

「株探」の進捗状況

進捗率 88.4%

アーバネットコーポレーション(3242)

コード	銘柄名	市場	株価	対通期進捗率	5年平均進捗率	決算期間	PER	PBR	利回り
3242	アーバネット	JQ	365	88.4	46.6	17.7−17.12	10.8	1.24	3.56

決算短信から計算した進捗率

1．平成30年６月期第２四半期の連結業績（平成29年７月１日～平成29年12月31日）

（１）連結経営成績(累計)　(%表示は、対前年同四半期増減率)

	売上高		営業利益		経常利益		親会社株主に帰属する四半期純利益	
	百万円	%	百万円	%	百万円	%	百万円	%
30年６月期第２四半期	8,834	△17.4	1,218	△30.8	1,105	△32.3	758	△32.2
29年６月期第２四半期	10,690	36.0	1,761	92.6	1,632	120.8	1,117	129.9

(注) 包括利益 30年６月期第２四半期 758百万円(△32.2%) 29年６月期第２四半期 1,117百万円(123.3%)

	１株当たり四半期純利益	潜在株式調整後１株当たり四半期純利益
	円 銭	円 銭
30年６月期第２四半期	30.19	30.17
29年６月期第２四半期	44.73	44.67

進捗率＝30.19÷33.88
＝89.1%

（２）連結財政状態

	総資産	純資産	自己資本比率
	百万円	百万円	%
30年６月期第２四半期	26,077	7,393	28.3
29年６月期	23,560	6,921	29.3

(参考) 自己資本 30年６月期第２四半期 7,388百万円 29年６月期 6,913百万円

２．配当の状況

	年間配当金				
	第１四半期末	第２四半期末	第３四半期末	期末	合計
	円 銭	円 銭	円 銭	円 銭	円 銭
29年６月期	−	9.00	−	12.00	21.00
30年６月期	−	7.00			
30年６月期(予想)			−	6.00	13.00

(注) 直近に公表されている配当予想からの修正の有無 ： 無
平成30年６月期第２四半期末配当の内訳 普通配当６円00銭 記念配当１円00銭

３．平成30年６月期の連結業績予想（平成29年７月１日～平成30年６月30日）

(%表示は、対前期増減率)

	売上高		営業利益		経常利益		親会社株主に帰属する当期純利益		１株当たり当期純利益
	百万円	%	百万円	%	百万円	%	百万円	%	円 銭
通期	16,000	△10.1	1,500	△38.0	1,250	△42.1	850	△42.0	33.88

(注) 直近に公表されている業績予想からの修正の有無 ： 無

進捗率は、「株探」のサイトなどで見ることができるが、計算に使われているデータが古いこともあるので、直近の決算短信などの数字を使って確認するといい。2018年3月時点で進捗率ランキングトップだったアーバネット(3242)の場合も、若干の誤差がある。

●大口投資家のカラ売りで株価が異常な安値に抑えられている。
●悪材料が出て一時的に株価が落ちているが、悪材料はいずれ解消される。

この中から、上方修正銘柄の探し方を紹介します。特に私が注目するのは、「進捗率」です。進捗率とは、会社が予想している年間利益の何％を達成したかという数値で、中間期であれば50％を達成していれば「普通」ということになります。しかし私は、中間期で「進捗率67％以上」という条件を設けています。

上方修正をするということは、本決算で進捗率が業績予想を超えて１００％以上になることです。業績が順調なら、９カ月目の決算期である第３四半期には、中間期（６カ月）の６分の９倍（１・５倍）の利益になるはずです。

したがって、第３四半期では会社予想の利益を超えるくらいの銘柄は上方修正の可能性が高いといえます。そこから中間決算で67％以上（67％×１・５＝１００・５％）という条件を出しているのです。さらに、毎年特定の時期に進捗を見せる季節銘柄を除外するため、「株探」にある５年平均進捗率とも比較してみます。

さらに、本当に割安になっているかどうかを調べるため、割安の代表的指標である「ＰＥＲ（株価収益率）」が20倍以下」という条件も設けます。銘柄候補がたくさんある場合は、15倍以下でもいいでしょう。

ＰＥＲの計算で出た数字は、61ページの計算式のように過去の数字と比較して数値が低けれ

■PERを計算する

例：アーバネットコーポレーション（3242）の場合

「株探」2018年3月29日

- 株価……365円
- 半期EPS……30.2円
- 対通期進捗率……88.4%
- 5年平均進捗率……46.6%

↓

1年間の期待EPS ＝30.2×（100÷46.6 ）＝**64.8円**

↓

期待PER ＝365÷64.8＝**5.63倍**……A

『会社四季報』2018年2集

- 前期EPS……58.6円
- 2年前EPS……45.6円
- 前期3月株価……約404円
- 2年前3月株価……約312円

↓

2年前3月期のPER ＝312÷45.6＝**6.84倍**……B

前期のPER ＝404÷58.6＝**6.89倍**……C

↓

AとBCを比較 → A＜B、A＜Cで、割安と判断できる

ば、本当に割安であることも確認できます。2年前とあまり変わらないPERの数値であれば、ギャップはそれほど大きくなく、それほど割安ではないと考えられます。

株価ギャップを見つけるその他の目安

このほかにも、株価の「ギャップ」を見つける方法は、次の例のようにいくつもあります。例えば次のような方法です。

●買収されそうな会社
●成長性が高い、もしくはM&Aで大きくなりそうな会社
●新技術を持つ会社

このうち「新技術を持つ会社」を狙う場合は、あくまでもその技術の価値が自分で理解・納得のできるものでなければいけません。また、その新技術の市場規模が大きいかどうか、ライバル社に対して優位性があるか、といった点も重要です。

技術は「ビジネスモデル」と置き換えてもいいでしょう。他社に真似のできないモデルで市場も大きければ、その会社の株価は狙い目です。しかしそのビジネスモデルがうまく回らなくなったときには、早めに手仕舞うのが賢明でしょう。冒頭で紹介したマイネットの例もそうでした（63ページ図参照）。

■「ギャップ」のある銘柄を売却するポイント

買い(2016年1月頃)
小型で安定した売上のスマホゲームを買い取り、コストを削減して利益を出す。タイトル数を増やすたびに利益が膨れ上がるビジネスモデルに注目して、高値から4割下落したところを「買い」。

売り(2017年7月頃)
2017年7月に運営タイトル数が伸び悩む中、『会社四季報』の記事で買取対象が大型低迷タイトルまで拡大するというニュースにより、買取に苦戦していると判断して(＝買い理由の消滅により)「売り」。

「買い」の理由が崩れたら売却!

掲示板などで探した銘柄には、なぜ話題になっているのかという理由も書いてあるはず。そういうコメントを見れば、自分で「買い」の理由を調べる手間も省ける。その理由に納得がいけば買い、買った後にその理由がなくなったら「売り」。

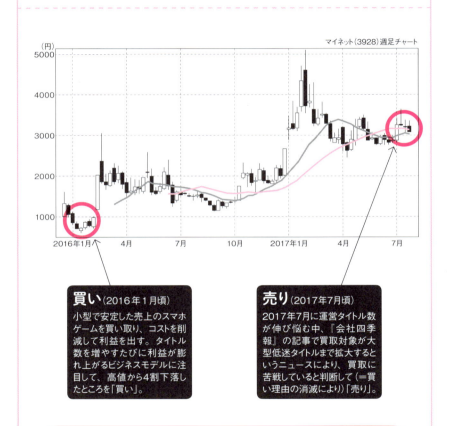

『会社四季報』で優良銘柄を見つける

絞り込んだ銘柄を、さらにふるいにかけるときに便利なのが『会社四季報』（以下、『四季報』）です。もしくは『日経会社情報』でも構いませんが、私は『四季報』を使っています。

銘柄選びの基本は、「業績がよい」「割安」ということです。『四季報』でこの２つの条件を満たさない銘柄をはじくことができます。

ポイントは65ページの上の項目の通りですが、中には業績がよくても割高の銘柄がありますから、その場合は下の項目もチェックします。これらの数字も『四季報』で確認できます。

また、『四季報』だけでなく、会社が出している直近の「決算短信」なども参考にすると、銘柄の価値がより正確に把握できます。

決算短信とは、会社が提示する決算資料で、正式な決算より早く出されます。会社と市場評価のギャップを見つける際には、この決算短信や投資家資料（ＩＲ）を入手して詳しく分析することが重要になります。

会社が上方修正を出すときなどは、ギャップが公になって、株価が大きく動きます。そのタイミングを前もって知ることができますので、これらの資料もチェックしておけば、大きな利益を得る確率が高まっていきます。

■会社の業績を判断するポイント

『会社四季報』で業績を見る

- 売上と営業利益が増え続けているか
  ＝ROE（自己資本利益率）が高い会社か
- 従業員が増え続けているか
- 財務が健全か
  - 自己資本比率15％以上
  - 1株当たり純利益が連続でマイナスになっていない
  - 営業キャッシュフローがマイナスかつ、有利子負債が多い場合はNG（景気後退期。景気がよいときはOKのケースも）

業績がよくても割高な銘柄は避ける

- 1株当たり純利益（EPS）が1年だけ高い
  （本業で得た利益ではない可能性がある）
- 営業利益に比べて経常利益が高い
  （財テクで稼いでいる）
- 経常利益と純利益がほぼ同じ
  （法人税を払っておらず、過去に赤字を出している）

売買のタイミングを知るためにテクニカル指標も併用する

チャートで売買のタイミングを見る

こうしてある程度銘柄に狙いをつけたら、今度はその売買のタイミングを見つけます。これにはチャートを用いたテクニカル分析を行います。「分析」と言っても、私の紹介するテクニカル指標は、誰にでもできる簡単なものです。

67ページに紹介したチャートは、株価が上がる前のパターンを示しています。まず「パターン1」は、出来高が減ってかつローソク足の下値が切り上がっている状態で、「売りたい人が減ってきたために、買いたい人がなかなかその株式を買えず、買値を妥協して少し高値でも買おうとしている」パターンです。このパターンが出てくると、いずれ誰かが我慢できなくなって現在の株価よりも上の売り注文を一気に買いに来る確率が高まります。

また、パターン2は、直前の数日に株価が動かず、出来高も減少傾向にあります。株価が動かなくなると、デイトレーダーなど短期の投資家は株を売ってよそに行きます。そこで売りが

■株価が上がるチャートのパターン

パターン1

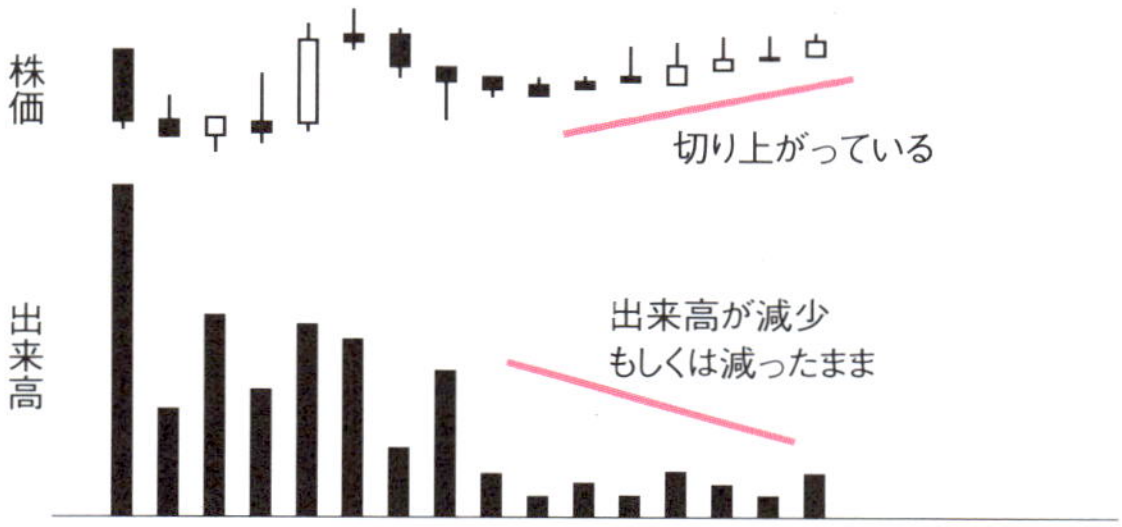
株価
切り上がっている
出来高
出来高が減少
もしくは減ったまま

上がる前のチャートその1。ローソク足の底値が徐々に切り上がり、出来高が徐々に減ってきている（あるいは減ったままの状態）、近くに大きな株数の売り板（売りたい人）が存在しない。

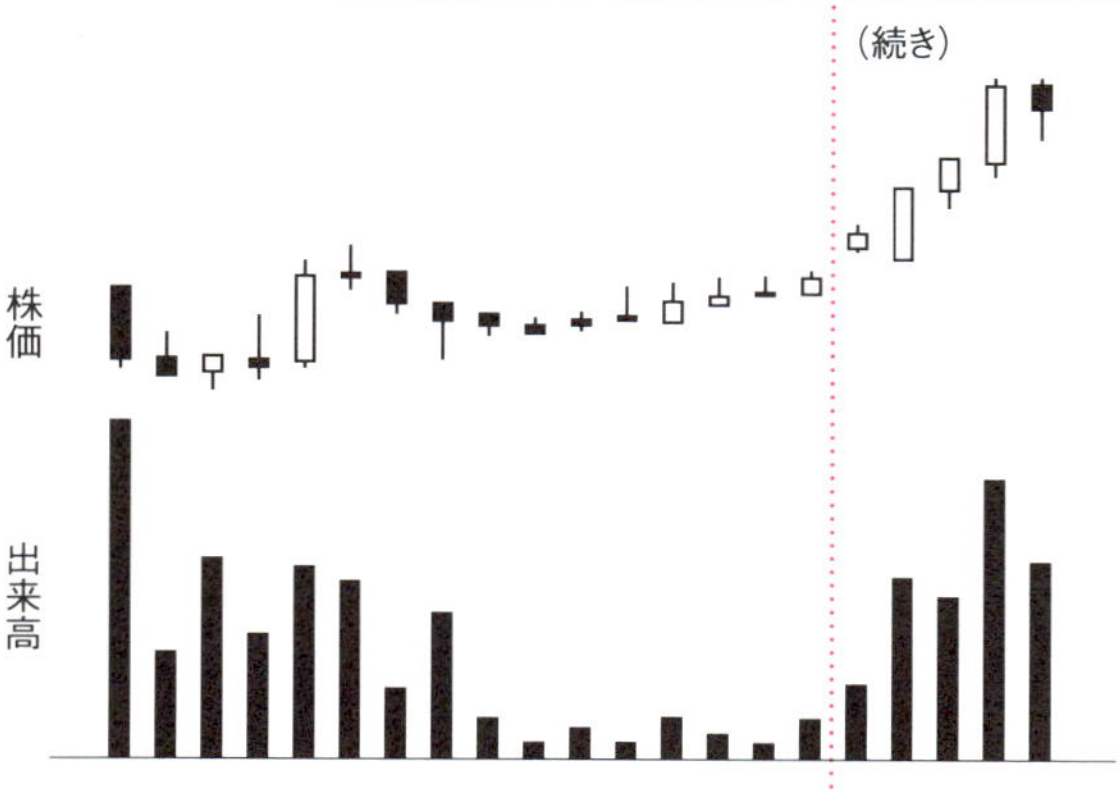
（続き）
株価
出来高

上のチャートの続き。売りたい人が減り、買いたい人は欲しい株が現在の株価に近い値で買えずに、少しずつ上の売り板を渋々買っている状態。このパターンが出てくると、誰かが我慢できなくなって、現状より高い株価の売り注文を一気に買いに来る。そこで出来高も増え、株価も上昇する。

パターン2

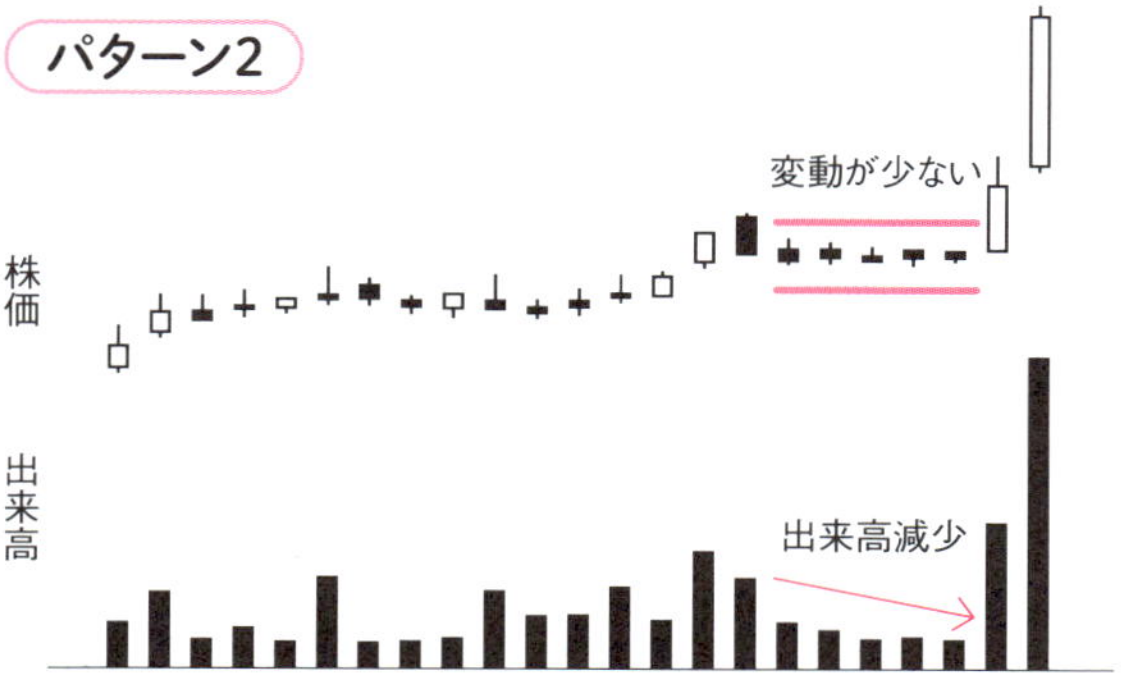
変動が少ない
株価
出来高
出来高減少

上がる前のチャートその2。ローソク足がおおむね上昇傾向で、直近数日は株価の変動が少なく、直近数日の出来高がおおむね減少傾向。

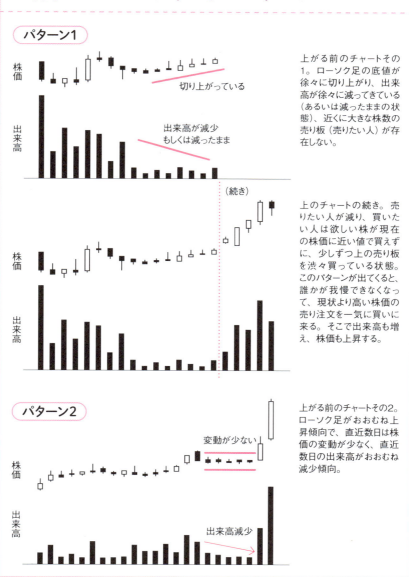

枯れると、株価上昇の妨げになる要因がなくなります。そこへ大口投資家が登場し、一気に株価を上げます。大口投資家は高値圏で1日の出来高と値動きを大きくすることで、短期の投資家を呼び戻し、その投資家たちに高値で売り付けます。このように、株価の動きに影響を与える大口投資家の行動を読むことも、株式投資に成功する上では重要な要因なのです。

押さえておきたいテクニカル指標

このほか、基本的なテクニカル指標を3つほど紹介したいと思います。それが69ページの「抵抗線・支持線」「移動平均線」（上図）、「ボリンジャーバンド」（下図）です。

テクニカルは難しそうで苦手だという人もいるかもしれませんが、多くの投資家が意識しているため、株価の値動きに無視できない影響を及ぼすこれらの指標については、覚えておくべきだと思います。例えば、抵抗線・支持線は株価の高値・安値を結んだ線ですが、株価が上がろう（下がろう）とするときの壁になります。実際、勢いのない株価上昇は抵抗線で跳ね返される可能性が高いと考えている投資家は世界中にいて、そうした投資家たちが、株価が上昇して抵抗線に近づいてくると、株を売ってくるのです。その結果、ロウソク足に線を引いただけの適当としか思えない株価の近辺で、大量の売り圧力が発生します。このように、メジャーなテクニカル指標は、株価の動きに無視できない影響を及ぼすのです。

■テクニカル指標の一例

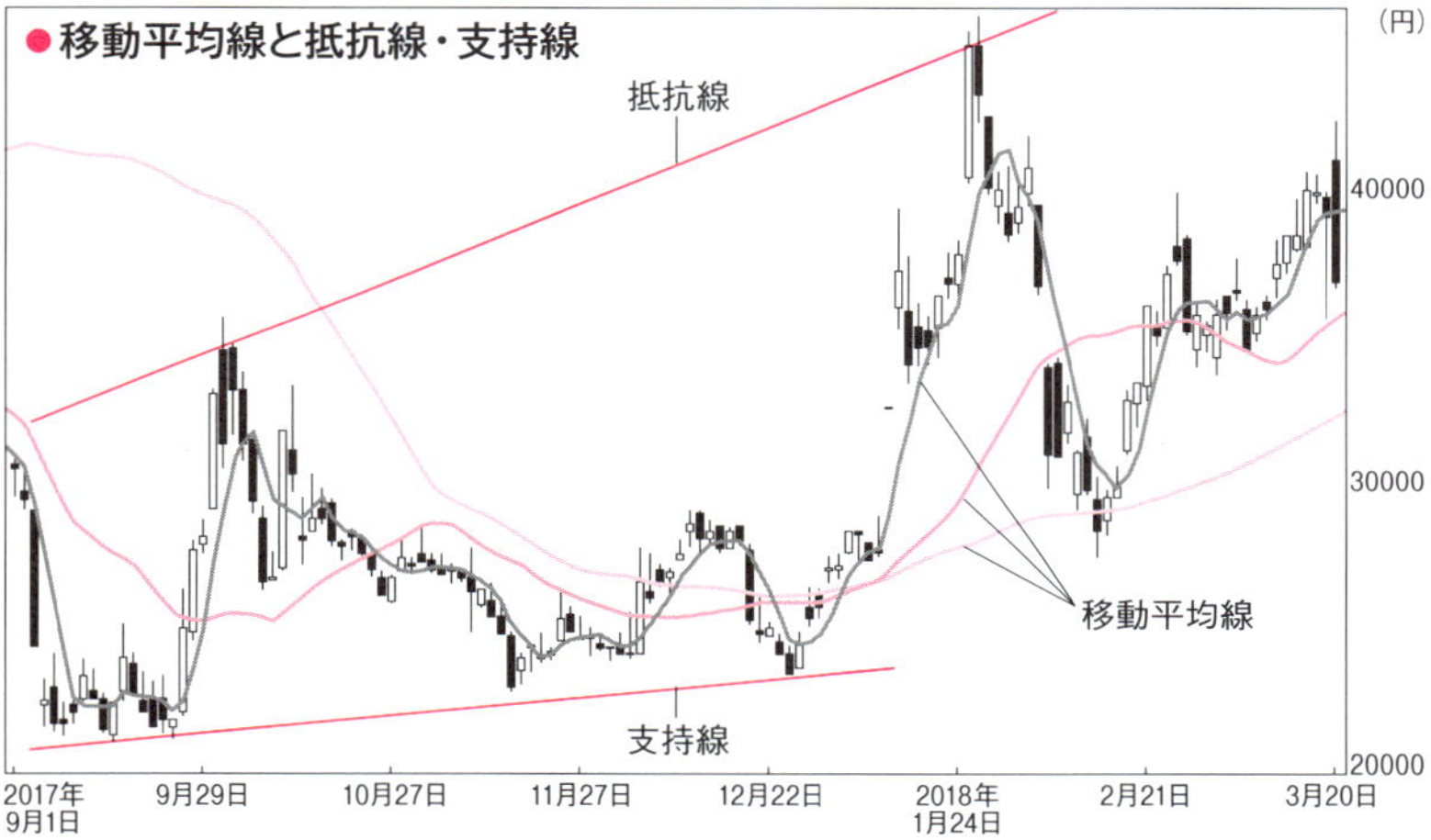

移動平均線は、過去の一定期間の終値を平均した価格をつないだ線。よく使われるものは、例えば日足チャートなら5日線、25日線、75日線など。それぞれの線の方向や動きから株価の動きを判断したり、株価の短期的動きを判断する。

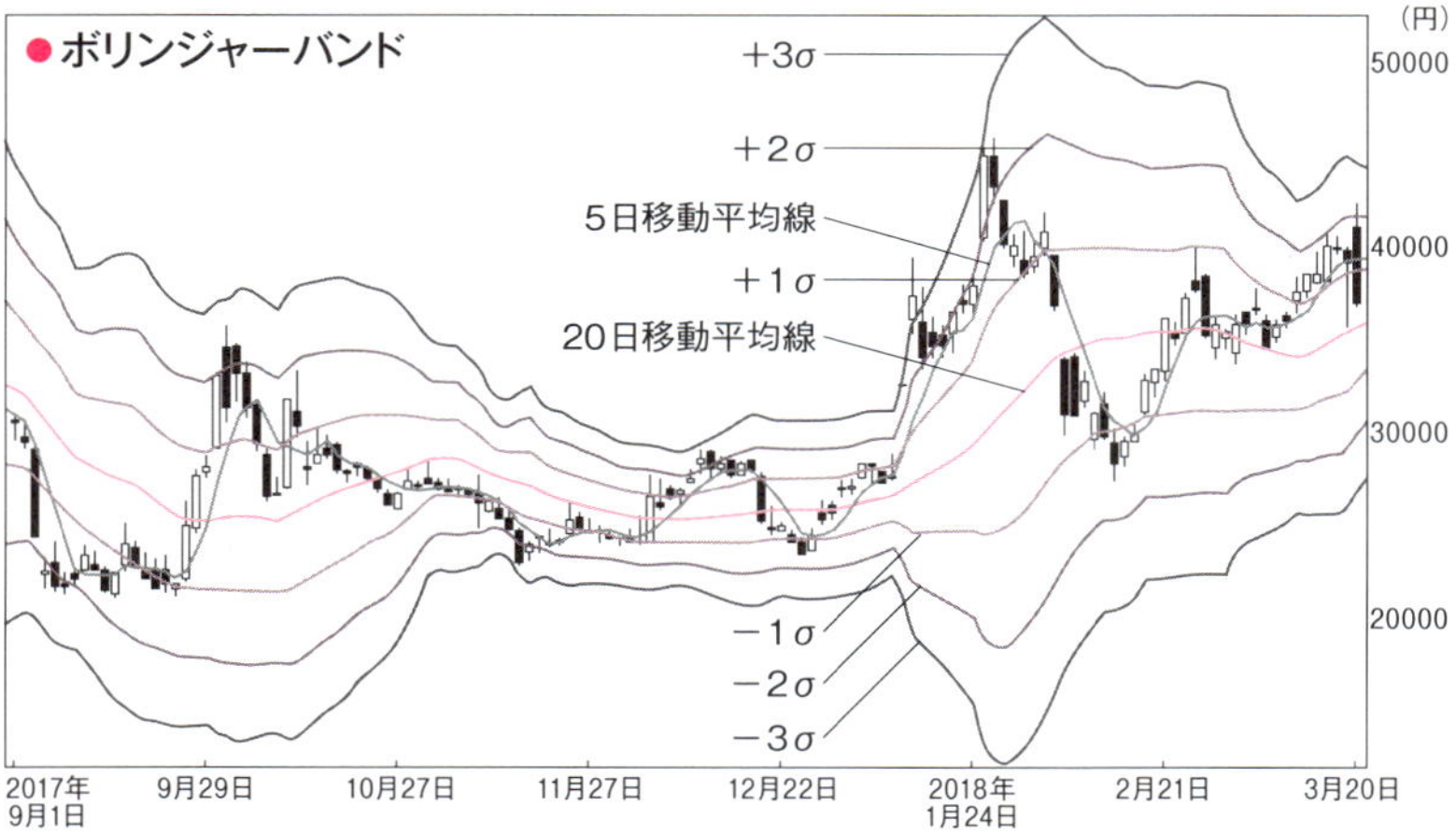

ボリンジャーバンドは、移動平均線とその上下に値動きの幅を示す線（移動平均線との乖離）を描いた指標。上下の線には「±1σ（シグマ）、±2σ、±3σ」があり、±1σでは約68%、±2σでは約95%の確率でその範囲に収まる。ボリンジャーバンドそのものを抵抗線、支持線とみなし、例えば、－2σに近づいたときを狙って買いを仕掛ければ、そこから株価が上がる可能性が高いといえる。

忙しいサラリーマンのためのトレード術

ほったらかしデイトレード術

私はサラリーマン時代に株式投資で大きく稼いで専業投資家になりましたが、トレードに使っていた時間は出勤前と昼休み、そして帰宅後だけでした。そのときのトレードのやり方が71ページのいわゆる「ほったらかしデイトレード」です。

基本的には、ボックス圏で動いている銘柄を選びます。さらに注意点がいくつかあります。1つ目は、株の持越し（日にちをまたいで株を保有すること）をしますので、その間に暴落するリスクの少ない、業績の安定した銘柄を選ぶことです。2つ目は、出来高の多い銘柄を選ぶこと。3つ目は、その中でも値動きの大きい銘柄を選ぶことです。

その上で、図のように1日目の昼休みに、２００円、１９５円、１９０円の値段で１００株ずつ買い注文を出します。あとは翌日の昼休みや帰宅後に注文状況をチェックして、２００円で買えていたら10円高い２１０円の売り注文を出す。あとはそれが売れれば、10円の儲け、と

■サラリーマンでもできる ほったらかしデイトレード術

●銘柄を厳選する

ボックス圏で動いている銘柄で、業績が安定しているもの
(利回り3%以上、PBR1倍より大きく下回る株主優待銘柄)

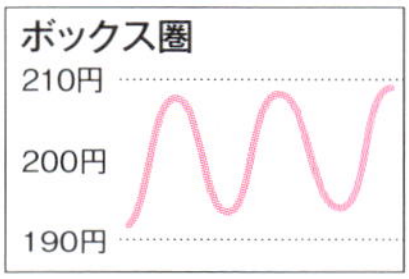

株価が一定の価格帯で上下している相場状態。箱(Box)の中に閉じ込められたように動くことから、ボックス圏と呼ぶ。

●基本的なトレード法

例 190〜210円のボックス圏で動いている銘柄

1日目

昼
①200円で100株買い注文(→①*)
②195円で100株買い注文(→②*)
③190円で100株買い注文(→③*)

2日目

昼
①*200円で100株買えていたら
→ 210円で100株売り注文
②*195円で100株買えていたら
→ 205円で100株売り注文(→②**)

夜
②**205円で100株売れていた……1000円の儲け
(205−195)×100
③*190円で100株買えていたら
→ 200円で100株売り注文(→③**)
→195円で100株買い注文

3日目

昼
③**200円で100株売れていた……1000円の儲け
(200−190)×100

⋮

忙しいサラリーマンでも、このように「ほったらかしデイトレード」で、着々と利益を上げていくことができる。月10万円、もしくは年間120万円を目指す場合などは、目標金額から逆算して投資金額を決めていく。

いうわけです。１９５円、１９０円で買った場合も同様に10円の儲けを出せば、それだけで30円の儲け、１００株ずつで3万円の儲けになります。もう少し大きな値幅が取れそうな銘柄の場合は、値幅設定を大きくすれば、利益もそれだけ大きくなります。

月10万円を無理なく稼ぐには

今回のまとめとして、月10万円、もしくは年間１２０万円を安定的に稼ぐことは、簡単なことではありません。その場合、リスクの低い投資をする必要があり、ＲＥＩＴや安定高配当株を選択するのが無難ですが、私はそうした方法を選択していません。例えば、税引き後だと利回り（年利）３～４％が限度となるため、３０００万円程度の投資が必要になります。

私が選択しているのは、株価と銘柄の真の価値との間に「ギャップ」があり、そのギャップが埋まると見込める銘柄に投資することにより、当たれば大きく利益が取れる投資方法です。しかし、常にいい銘柄があるわけではないので、期待する銘柄が見つからない場合は現金で保有する場合もありますし、銘柄数が少ない場合は、集中投資することが多いです。また、ある程度目標とする利益を想定しますが、想定通りの利益を得られない場合も少なくありません。

そのため、利益は稼げるときに大きく稼ぐスタイルになっています。基本的には読者のみなさんも、株式投資で毎月10万円というスタイルよりは、冒頭に紹介したマイネットの例のように、稼げるときに稼ぎ、それを月々に割り振った結果が10万円だったというスタイルのほうが、現実的かと思います。マイネットのほか、過去にそうした売買を行った結果、3億円の資産形成に貢献した例は、拙著『日本株　独学で60万円を7年で3億円にした実践投資法』（日本実業出版社）に紹介しています。また、2018年4月16日現在の投資中銘柄としては、以下のようなものがありますので、どういう基準で銘柄を選ぶかという参考にしてみてください。

●サイバーステップ（3810）

買いの理由：Q毎に2割近く伸びている主力のオンラインクレーンゲーム『トレバ』の売上。今年は新作が目白押しでかつ、すべて失敗に終わっても現在の保守的会社予想から下方修正はないと見込まれ、『トレバ』だけで今年度上方修正必至。新作がすべて失敗し、かつ、『トレバ』が3Q横ばい実績の前提ですら、広告費を抑えれば来年度以降、年純利益9億円以上出せる体制ができており、成長度を踏まえ、今後もホールドは続ける予定。

●ドリコム（3793）

買いの理由：新作のリリースにより運用タイトル数が増え売上が大幅増加。今後は投資期から収穫期に入ると思われるので、大幅な利益率の向上が見込める。さらに、バンダイナムコエンターテインメントと共同でBXD社を立ち上げ、オンラインゲームの新しいプラットフォームの立ち上げと新作の導入を予定している。BXDが失敗しても利益率向上により株価の下支えが見込め、成功すれば高い利益率を得られるため株価急騰の可能性を秘める。

COLUMN

投資失敗体験記②～株式投資編

トレード成功による慢心から未曽有《みぞう》の危機に直面

堀哲也

信用取引の初歩的なミスと、震災の影響で破産寸前に

私は東日本大震災の頃、多額の損失を出して破産寸前になったことがあります。

あの頃、私はまだサラリーマンをしながら株式投資をしていました。MCJ（6670）とアイフル（8515）という2銘柄だけで、短期間のうちに900万円近い利益を出し、得意になっていた時期でもありました。そこで、もっと儲けてやろうと、買った銘柄がJトラスト（8508）です。Jトラストは、前年に会社更生法を出した武富士の買収最終候補に残り、もし決まれば株価が急騰する、と考えたのです。

そこで、現物株を買い、さらにその現物株を担保に同じ銘柄を買う「信用二階建て」も加えた、リスクの高い投資を行いました。仮に買収先として選ばれなかったとしても、高成長していましたから、長期的には株価が上がると思っていました。しかし武富士の件は延期となり、期待していた株価の急騰も起こらずじまい。本来なら一旦信用分だけでもポジションを落とすところを、判断が甘くなっており、大量の信用ポジションを保有したままにしてしまいました。

そのとき私の金融資産は、震災前に値上がりしたJトラストの含み資産もあって、2800

万円ほどになっていました。さらに信用分も含めると、Jトラストを3400万円分、ほかにも現物株を800万円分持っていましたので、信用二階建てで実質4200万円以上の株を保有していました。

そして2011年3月11日、東日本大震災が発生します。翌週の3月14日には、ほぼすべての株が全面安の展開になりました。私は時価総額の低い新興銘柄を多数保有していましたが、それらの銘柄はほとんどがストップ安で、売りたくても

売れない状況になりました。

震災前に485円だったJトラストも、80円安の405円で売り気配に。結局、震災直前の下げで2200万円まで落ちていた私の資産額は、1日で1300万円を切っていました。さらに、翌3月15日のJトラスト株は、一度も寄る（売買が成立する）ことなくストップ安で、私の資産は600万円まで減りました。

さらに、私はその翌日にも「追証（追加保証金）」を入れなければなりませんでした。「追証」とは、担保価値の低下などにより担保率が一定の比率を下回った場合、定められた期日までに追加で預け入れる担保（保証金）です。私にはそんな財源などありませんし、生活費からの補塡など、妻が許すはずもありません。

翌日もストップ安になった場合、資産が120万円くらいになる計算でした。少しでも下が

れば追証が発生し、もし寄らなければ次の日には破産確定です。

悩んだあげく、私は父に電話しました。株式経験の豊富な父は「明日、間違いなく寄るから心配するな」とアドバイスをくれました。

翌日、父親の予想通り取引が行われ、私は損失分の支払いに必要な現物株も売却しました。

その後、追証については、証券会社に電話をし、信用分の株式を全部売却したので、支払いを免除してもらえるよう交渉しました。証券会社側は、信用分の株式が全部売却済みであることを確認すると、あっさり承諾してくれました。

これでようやくすべてを処理できました。あと2日間、Jトラスト株が寄っていなければ、確実に破産していました。直前のトレードで成功して慢心し、冷静な投資判断ができていなかったことなど、反省点は多々ありますが、それは教訓として今も活かされています。

実はこの話には後日談があります。大損をさせられたJトラスト株でしたが、実は私はこの会社の社長の積極的拡大策には関心を持っていました。その拡大策をリスクと取る人も多かったのか、株価は割安に放置され、PBRも1倍を切っていたため、何か成果を出せば株価は大きく上がると見ていました。そして2012年に武富士の買収が成功し、その後の上昇で短期のチャートが天井をつけたところで、1600円（分割後800円）で利益確定しました。

結果的に、その1年後のアベノミクスで分割後4056円の値をつけましたので、利益確定は早すぎました。しかし、確固たる裏付けのある銘柄は、天災のような不測の事態で株価が一時的に下がっても、再び上がるものなのだということがよくわかりました。

第3章

3限目

会社の数字がわかると、投資の成功率が格段にUP！

講師◉WWW9945先生

3限目のポイント

年収300万円から「億り人」に。秘訣は財務諸表の見極め

僕が投資を始めたのは、バブルが崩壊した1993年、日経平均株価は1万4000円でした。貯金はほとんどなく、年収は300万円でしたが、そのとき立てた目標が「1億円投資して配当金生活をすること」です。

そして、まず100万円を貯金して投資資金にしました。最初はうまくいかず、年間で1%も利益が出ませんでしたが、株式投資が軌道に乗り出した2002年から2017年までのパフォーマンスは年間で平均すると23%にまでなりました。

ある程度、資金が増えてきてからは、高配当銘柄投資に絞って

月10万円稼ぐPOINT

元金　300万円から

手法　小型株の中から売上、利益がコンスタントに伸びて財務内容も健全な成長株（グロース）を選りすぐり、大相場を待つ。余裕があれば、配当狙いの投資も行って確実に利益を増やす。

投資するようになりました。とにかく配当重視です。ただし業績が伸びていることが条件です。それを見極めるためには、財務諸表を見極める力をつけなければなりません。僕の授業は、財務諸表の数字にこだわって解説します。少し難しいかもしれませんが、これが基本です。

株価を決める要因は「地合（トレンド）」「セクター（投資分野）」「テクニカル」「個別業績」の4つです。いくら個別業績がよくても、地合が悪かったり、セクターが悪かったりした場合は株価は下がります。でも、業績がよければ株価は必ず戻り上がります。それを見極めるカギが、財務諸表の中のさまざまな数字にあるのです。

www9945
専業投資家。50代。金融資産4億円。1996年より本格的に投資を始め、2014年には清掃会社を退職し、念願の配当金生活に入る。街角散歩からの有力銘柄発掘を得意とする。
Twitter：@sp500500

財務諸表で注目するのは売上高と営業利益

〝億り人〟はみな、財務諸表を見極める達人

将来値上がりする、あるいは高配当が期待できる「お宝銘柄」を発掘するには、最終的には企業が開示する「財務諸表」を読み解くしかありません。いきなり、難しい話のように思えるかもしれませんが、僕の知っている〝億り人〟はみな、財務諸表を見極める達人でもあるのです。

財務諸表とは、企業の健康状態を知るカルテのようなものだと思ってください。企業が健康（業績好調）なのか、病気（業績不調）なのかをチェックするものです。財務諸表は、主に「貸借対照表」、「損益計算書」、「キャッシュフロー計算書」の3つからなります。また、これらに「株主資本等変動計算書」を加えて「財務4表」ともいいます。

貸借対照表（バランスシート、B／S）は、会社がどのように資金を集め、それをどのような形で保有しているかを見るもの。企業の効率性や安全性をチェックすることができます。

●効率性を見る……資産の大きさはどのくらいか

■財務4表の関係とそれぞれの役割

期末時点の会社の財産の状況を示す。表は右と左に分かれており、会社の持つ資産は左側に、会社が負っている負債（借金）は右側に示されている。資産から負債を差し引いたものが純資産。普通の会社は資産のほうが負債よりも大きいため、純資産は右側の負債の下に表示される。株主にとって重要なのは、純資産の中の株主資本（≒自己資本）。期末時点での株主の財産を示すほか、自己資本が総資産のうちのどのくらいを占めるかを示す自己資本比率は、その会社の経営の安全性を示す。

株主の財産である株主資本の最も重要な変動要因は損益計算書の当期純利益だが、当期純利益を含めた変動要因（過去の利益の蓄積である利益剰余金、資本剰余金など）の説明をするのが株主資本等変動計算書。

貸借対照表

（現金） 資産	負債
	純資産 （株主資本）

キャッシュフロー計算書

株主資本等変動計算書

その会社がキャッシュ（現金）をどのように入手し、そのキャッシュを何に使って、その過不足をどう調整し、最終的にいくらのキャッシュが残ったかを示す。貸借対照表の資産の部にある「現金及び預金」に対応している。

損益計算書

企業のある一定期間における収益と費用の状態を表す。株主資本は基本的に当期純利益から配当を差し引いた分だけ増加するが、損益計算書は、その期の当期純利益がどのようにして得られたかを示している。また、売上高に加え、営業利益、経常利益といった利益の内容もここに書かれてあり、株式投資を行う上での業績予想には重要な情報が詰まっている。

●安全性を見る……負債(借金)、特に支払利息の負担を伴う有利子負債はどのくらいか。自己資本比率はどのくらいか

損益決算書は、１年間に会社が売り上げた儲けを示すものです。売上高に加えて、営業利益、経常利益といった利益の内容が書かれています。株式投資を行う上で、業績予想に欠かせない重要な情報が書かれています。

キャッシュフロー計算書は、会社のお金の出入りを表したものです。売上や利益は、商品やサービスが納税された時点で計上されますが、実際のお金はまだ入金されていません。企業の倒産は、黒字でもキャッシュ（現金）がないと起こってしまうものです。これがいわゆる資金繰りというものです。特に営業キャッシュフローが連続マイナスの会社は危険です。

売上高と営業利益がゆるやかに伸びている会社が狙い目

業績予想をする上で、まず注目したいのは損益計算書にある「売上高」と「営業利益」です。ここでのポイントは、まず「売上高」がゆるやかに伸びているかということです。そして、売上高の伸びに対し、「営業利益」の伸びが少し上回っているくらいがいいでしょう。

インバウンドでＪＡＬ系のリテール事業が好調なＪＡＬＵＸ（２７２９）の売上高と営業利益の推移を見ると、前年比で10％程度、ゆるやかに右肩上がりで最高益が続いています。これ

■売上高と営業利益がゆるやかに伸びている

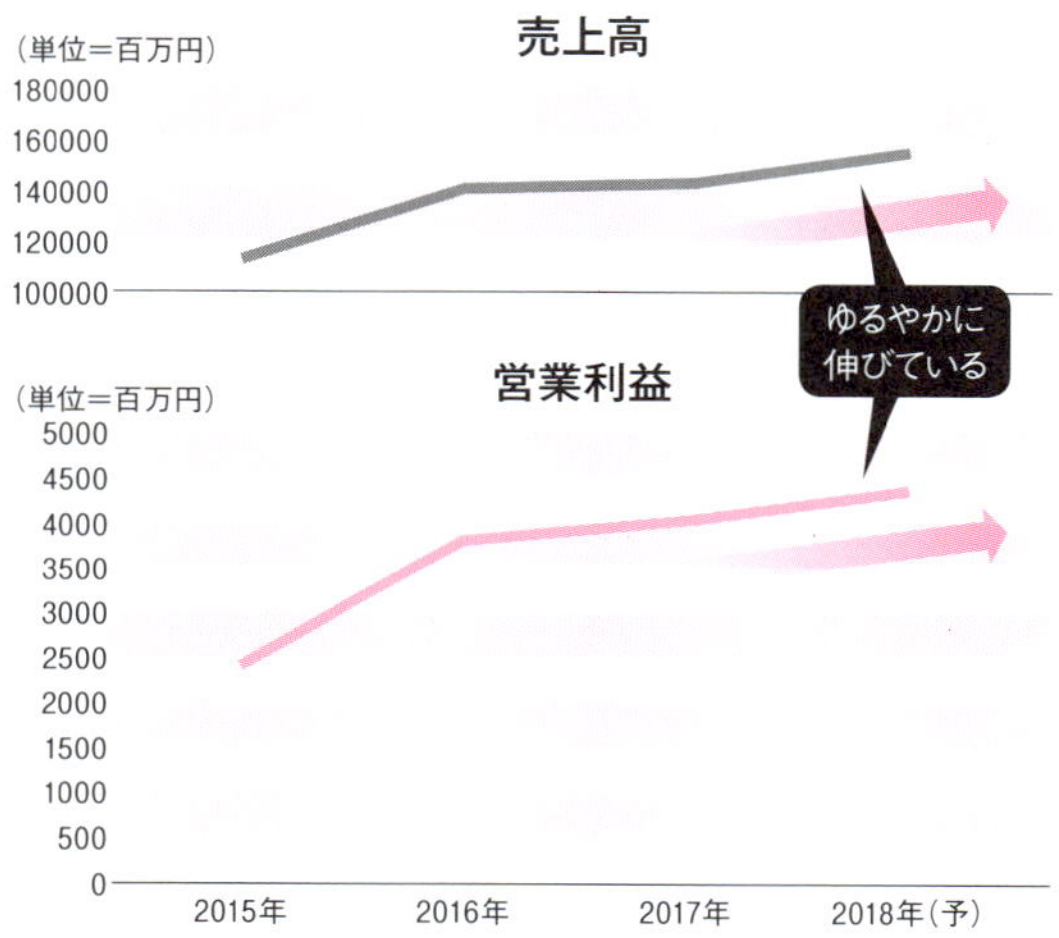

まず「売上高」がゆるやかに伸びて、その売上高の伸びに対し、「営業利益」の伸びが少し上回っているくらいがいい。急激な伸びは本業以外の原因なども考えられるので、注意が必要。

JALUX(2729)

くらいが理想です。

時に急激に伸びているケースもあって、絶好調なのかと思わせる場合がありますが、そこは冷静に調べたほうがいいでしょう。本業以外の要因の場合もありますので、注意が必要です。

逆に積極的な業務拡大で利益が減っている場合もあります。設備投資や新店舗の拡大などを行った場合です。その場合、一時的に利益は減りますが、将来的にはプラスと見るべきです。このあたりは、見極めが難しいかもしれません。いろいろな銘柄を調べてみるとよいでしょう。利益が減っているのに、株価が上昇している場合、市場は事業拡大の将来性に期待を寄せているということです。

単に数字だけを追うのではなく、『会社四季報』などの記事やIR情報などで、増益や減益の理由を確認することも忘れてはいけません。

3種の利益では、まず営業利益に注目する

3つの利益とは?

株価が上昇するのは、将来の利益についての期待があるからです。それだけに、将来利益をどう予測するかが銘柄選びのポイントになります。一言で利益といっても、純粋に本業だけの利益だけではありません。所有していた土地や株を売却したときに得た利益もあります。それらを読み解きながら、業績予測をしていくのです。

利益には大きく分けて3つあります。「営業利益」「経常利益（税引前利益）」「当期純利益」です。『会社四季報』にもこの3つの推移が掲載されていて、投資家の注目度が最も高い業績指標といえます。

●営業利益＝売上総利益（粗利益）－（販売費＋一般管理費）

営業利益は、基本的には会社の本業の実力を示したもので、業績予想をする上では重要視されています。

■『会社四季報』で財務状況を見る

例：インフォコム（4348）

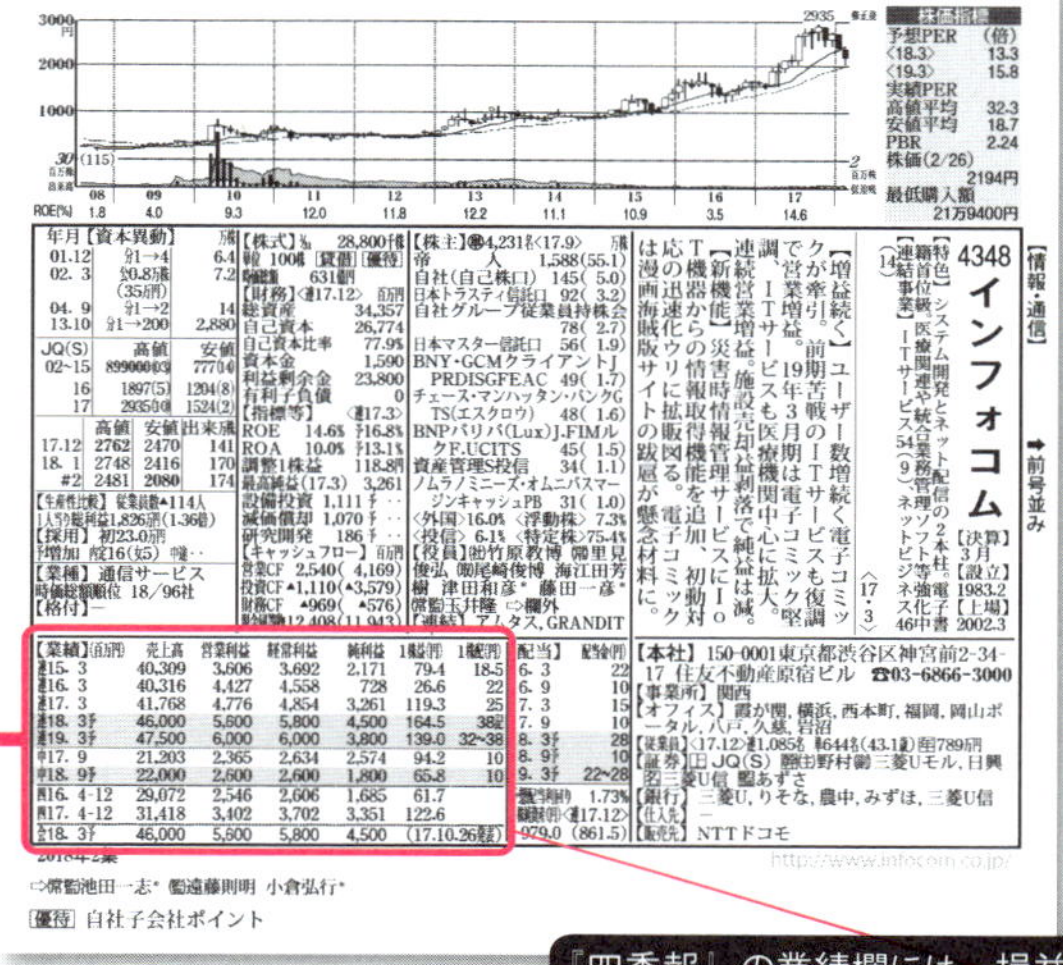

【業績】(百万円)	売上高	営業利益	経常利益	純利益	1株益(円)	1株配(円)
連15. 3	40,309	3,606	3,692	2,171	79.4	18.5
連16. 3	40,316	4,427	4,558	728	26.6	22
連17. 3	41,768	4,776	4,854	3,261	119.3	25
連18. 3予	46,000	5,600	5,800	4,500	164.5	38記
連19. 3予	47,500	6,000	6,000	3,800	139.0	32~38
中17. 9	21,203	2,365	2,634	2,574	94.2	10
中18. 9予	22,000	2,600	2,600	1,800	65.8	10
四16. 4-12	29,072	2,546	2,606	1,685	61.7	
四17. 4-12	31,418	3,402	3,702	3,351	122.6	
会18. 3予	46,000	5,600	5,800	4,500	(17.10.26発表)	

『四季報』の業績欄には、損益計算書の内容である売上高、営業利益、経常利益（または税前利益）、純利益（当期純利益）が予想と合わせて示されている。

売上高

会社が1年間（会計年度）の間に、商品を売ったり、サービスを提供したりして得たお金の総額。売上が上がるということは、その会社の商品やサービスに対する社会のニーズが高いといえる。

売上総利益

売上高から売上原価（原材料費など）を引いた利益。粗利（あらり）ともいう。『四季報』の業績欄には載っていない項目だが、原材料の高騰などで大きく変動する利益なので、注目しておきたい。

営業利益

会社の借金の支払利息や、株式・土地の売買益（損）などを含めず、会社が本業だけで儲けた利益。会社の真の実力がわかる重要な利益であるため、『四季報』の業績予想にもこの営業利益が使われている。

経常利益

本業以外の損益（支払利息・受取利息や為替差損益など）を含めた、グループ全体の利益。米国会計基準やIFRS（国際財務報告基準）を採用している会社には、経常利益がなく、『四季報』では税前利益（税引前当期純利益）が使われている。

当期純利益

会社が1年間で得た最終的な利益。『四季報』の業績欄には純利益として紹介されている。株主資本の変動要因となり、株主にとっては重要な利益。

●経常利益＝営業利益＋持分法投資益＋営業外損益

いわゆる「経常《ケイツネ》」と呼ばれるもので、本業以外の利益も含めたグループ会社全体の利益になります。

●当期純利益＝経常利益＋特別損益－法人税などの税負担

土地売却の損失や法人税などの税金を引いた、最終利益です。割安株を判断する指標のPERは、この当期純利益を株数で割った1株利益を基に算出します。

3つの利益の中で営業利益に注目するのはなぜか？

業績については、売上高と営業利益がゆるやかに上昇していることが大切だと言いましたが、3つの利益の中では、特に営業利益が重要視されています。『会社四季報』の欄外に、業績予想の矢印とともに「大幅増益」や「増額」などと出ていますが、あれは営業利益の前号比較で判断されています。

注目すべきは、会社の発表した予想数字を『会社四季報』の予想が上回っている銘柄です。そういう銘柄は、『会社四季報』の発売後に上方修正を出すケースが多くて、株価が急騰することがよくあります。逆に営業利益がマイナス続きの会社は、「減額」「大幅減額」と出るので、投資対象から外したほうがよいでしょう。

このように会社の業績予想は営業利益を使って予想しているのです。

では、どんな理由で営業利益が増えたり減ったりするのか。もちろん、粗利益が赤字なら営業利益も赤字です。ただし、原材料の高騰などで粗利益が縮小してしまい、その影響で営業利益が赤字になってしまうことはあります。業種によりますが、原油高や、異常気象による食材不足が粗利に影響することもあるのです。

また、販売費と一般管理費が膨らむと営業利益は縮小します。よく大規模なリストラが発表されると財務体質の改善が見込めるので、株価が上がることもあります。しかし、無理なリストラやコストカットは従業員のモチベーションを引き下げかねないので、注意が必要です。基本的には、売上を拡大して粗利益を増やすことで営業利益を増やしていくことが理想です。

経常利益はグループ全体の利益を表す

経常利益は、本業以外の損益が影響してきます。財務活動の影響だったり、為替の影響だったり、支払利息の影響などです。近年では、営業利益に比べて重視されない傾向があります。また、米国会計基準やＩＦＲＳ（国際財務報告基準）を採用している企業は、経常利益は使わず、税引前当期純利益を使います。

経常利益はグループ全体の利益を示しているので、それらの関係性を見る上では重要です。

当期純利益は さまざまな「使い方」ができる

配当や割安株指標の目安としての当期純利益

僕がもう一つ重要視しているのが当期純利益（最終利益）です。なぜなら、この利益が配当金の原資になるからです。

当期純利益の算出方法は、まず経常利益に特別損益を加え、次に、法人税・住民税・事業税などを引きます。

特別損益は、遊休地や投資有価証券の売却益や損失、会社関係の整理損などです。銘柄の中には含み資産をたくさん持っている、つまり土地をたくさん持っているという理由で人気になる銘柄もあります。売却すれば当期純利益が増えるからです。

当期純利益は、「1年間の企業の努力の結晶」として、株主の財産でもある株主資本になります。この利益は、配当の原資になったり、投資の源泉になるなど、企業の基礎体力を強固にするものなのです。

■当期純利益は会社の純資産（株式資本）に

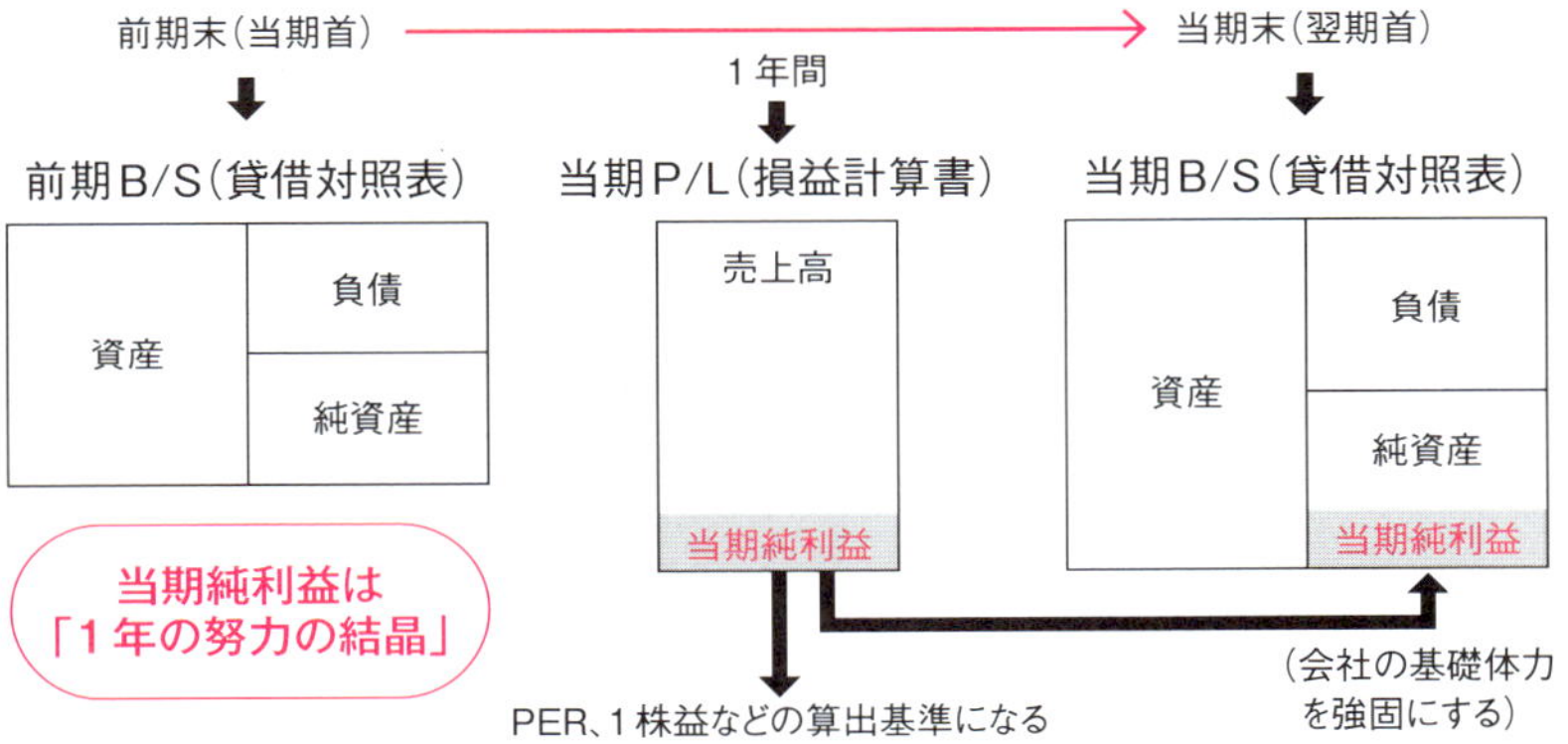
前期末（当期首）
1年間
当期末（翌期首）
前期B/S（貸借対照表）
資産
負債
純資産
当期P/L（損益計算書）
売上高
当期純利益
当期B/S（貸借対照表）
資産
負債
純資産
当期純利益
当期純利益は「1年の努力の結晶」
PER、1株益などの算出基準になる
（会社の基礎体力を強固にする）

当期純利益は、株主の財産でもある株主資本として貸借対照表に加えられる。この利益は、配当の原資や、投資の源泉になるなど、企業の基礎体力を強固にする。また、割安な銘柄を判断する指標PERの基準にもなる。

また、当期純利益は、割安な銘柄を判断する指標ＰＥＲの基準にもなります。

まず、当期純利益を株数で割って「１株当たりの純利益」を算出します。ＥＰＳと呼ばれるもので、１株当たりの最終的な当期純利益がいくらなのかを示しています。つまり、このＥＰＳの数値が高いほど、企業の収益力が高いと判断されます。

さらに、「株価÷１株当たり利益（ＥＰＳ）」で算出された指標がＰＥＲです。株価が１株当たり利益の何倍かを見る指標で、多くの投資家が割安かどうかを判断する指標として活用しています。ＰＥＲの値が低いほど、株価が割安ということが言えます。

ＰＥＲについては後ほど詳しく解説しますが、当期純利益によってＰＥＲの値は変化していくので、株価にも大きく影響します。

ROEとROAで会社の収益性を見る

企業は資本や資産をどうやって効率的に活用し、収益を上げていくかが求められ、投資家もそこに注目します。企業の収益性を表す代表的な指標にROE（Return On Equity ＝自己資本利益率）とROA（Return On Asset ＝総資産利益率）がありますが、この指標の算出にも当期純利益を使います。

ROEは、自己資本利益率の文字通り、資本をいかに効率的に使って利益を上げたかを示す指標で、「当期純利益÷自己資本×100」で算出します。単位は％です。外国人投資家が好む指標で、彼らは主にROEを重視した投資をしています。

日本企業のROE平均は、米国の半分ほどと言われていますが、一般的にはROEが10％以上あれば、日本では優良会社だとされます。ただし、借入金の増加で相対的に自己資本が小さくなるとROEは上昇します。また、逆に利益の蓄積が厚くなって自己資本が増加するとROEは低下します。

ROAは、総資産利益率で、総資産を使ってどれだけの利益を上げているかを示す指標です。「当期純利益÷総資産×100」で算出します。単位は％です。過剰設備などを抱えて資産が膨らんでいるとROAも低くなります。ROAを高くするには、売上高の増加に加えて、コス

■ROEとROAから会社の収益性を見ることができる

ROEは、自己資本利益率という名の通り、資本をいかに効率的に使って利益を上げたかを示す指標で、当期純利益を自己資本で割って算出。一方、ROAは総資産と当期純利益を使って算出する。

ROE
（自己資本利益率）

$$\frac{\text{当期純利益}}{\text{自己資本}}$$

＝

収益性（売上高当期純利益率）$\dfrac{\text{当期純利益}}{\text{売上高}}$ × **効率性**（総資産回転率）$\dfrac{\text{売上高}}{\text{総資産}}$ × **安全性**（財産レバレッジ）$\dfrac{\text{総資産}}{\text{自己資本}}$

ROA
（総資産利益率）

$$\frac{\text{当期純利益}}{\text{総資産}}$$

＝

収益性（売上高当期純利益率）$\dfrac{\text{当期純利益}}{\text{売上高}}$ × **効率性**（総資産回転率）$\dfrac{\text{売上高}}{\text{総資産}}$

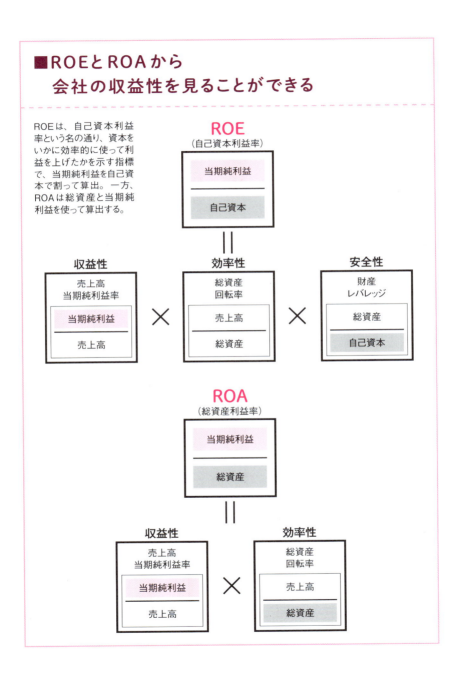

ト削減による利益率の改善などがあります。

ＲＯＥとＲＯＡは似ているようにも感じますが、ＲＯＥは株主が出資した資金（株主資本）に対して、ＲＯＡは企業の保有するすべての資産に対しての収益性を示します。つまり、収益性を計算する上で、対象となる資金の範囲が違うということになります。

ROAを重視。できれば10％くらいを目安に

ＲＯＥとＲＯＡは、どちらも収益性を見る重要な指標ですが、僕はＲＯＡを重視します。２つの指標の違いは、収益性が株主資本に対してか、総資産に対してかですが、企業の立場からすると、事業に使えるのは総資産の部分で、それが、株主資本か他人資本であるかの区別はあまり意味がありません。またＲＯＥは、自己資本が少ない小型のグロース株などは高くなる傾向にあります。そのため、小型割安を探す上では、ＲＯＥからは判断しにくいです。

ＲＯＡの目安は、一般的に10％以上で優良企業と呼ばれます。５％でもまずまずで、２％で普通です。僕も９～10％以上を目安に銘柄選びをしています。またＲＯＥもそうですが、セクターや企業の大小でも違ってきます。小型株の場合、ＲＯＡが２％では危険です。やはり、10％はないと候補から外してしまいます。

また、海外投資家が注目するＲＯＥですが、向上させる一つの要素として財務レバレッジの

■ROAの目安

ROA ＝ 当期純利益 ÷ 総資産

目安

10%以上	5%以上	2%以上
＝	＝	＝
優良	まずまず	普通
		※ただし、中小型株でROA 2%は危険

向上があります。つまり、借り入れを大幅に増やして資本を増やし、利益を上げるということです。ただし、日本は借り入れに対して消極的で、あまりこれをよしとする傾向にありません。そのため、米国に比べて日本企業のＲＯＥは低く、平均で５％程度です。５％以下の銘柄もたくさんあるので、借金が少なくてＲＯＥが10％以上なら狙い目かもしれません。

どちらか一方を見るよりは、両方のバランスを見て判断することも大切です。例えばＲＯＥが高いのにＲＯＡが低いとします。これは、先ほど言ったようにＲＯＥを高めるため借り入れをして負債が大きく膨らんでいる可能性があります。逆にＲＯＥが低くＲＯＡが高い場合は、負債の少ない無借金経営である可能性があります。ちなみに、僕の銘柄選びの条件の一つは、借金が少ないことです。

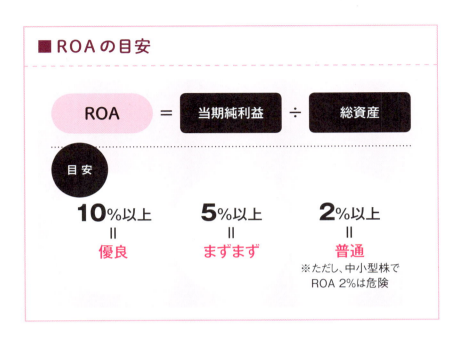

割安株を見つける指標＝PER、PBR、配当利回り

株式投資で、よく言われるのが「〝割安株〟を買え」です。割安株とは、業績は向上しているのに、なぜか放置されていて株価が安くなっている株です。主に小型株に多いですね。大型株はプロが常に監視していますので、業績がよければすぐに買われ、株価は上がっていきます。しかし、プロといえども『四季報』掲載の3600社もあるすべての銘柄は監視していません。小型株には、安いまま放置されている銘柄が、実はゴロゴロあるのです。その割安かどうかを判断する指標がPER（株価収益率）とPBR（株価純資産倍率）、そして配当利回りです。

PERは、「株価÷1株当たり利益（EPS）」で算出し、株価が1株当たり利益の何倍かを見る指標です。PERの値がほかの水準と比べて低いと割安と判断されます。

PBRは、「株価÷1株当たり純資産（BPS）」で算出し、株価が1株当たり純資産の何倍かを示す指標です。PBRが1倍を超えている企業は高く評価され、1倍を割っている企業は業績不振で、評価されていないということです。ただし、理論上、PBRは1倍を下回らないと考えられますので、PBRが1倍の銘柄は割安と判断されます。業績が上向いているのなら、大化けすることもあります。

配当利回りは、割安株だけでなく、高配当銘柄を見つける重要な指標です。

■PER、PBR、配当利回りから割安株を見つける

PER（株価収益率）

$$\text{PER（倍）} = \frac{\text{株価}}{\text{1株当たり（予想）当期純利益}}$$

株価が1株当たり（予想）当期純利益の何倍まで買われているかを表す。

➡ 低いほど株価が割安

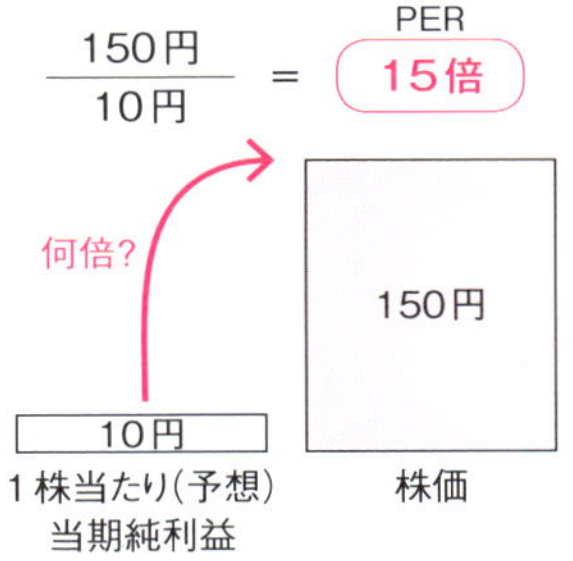

PBR（株価純資産倍率）

$$\text{PBR（倍）} = \frac{\text{株価}}{\text{1株当たり純資産}}$$

株価が1株当たり純資産の何倍の水準かを表す。

➡ 1倍を割り込むと株価は割安

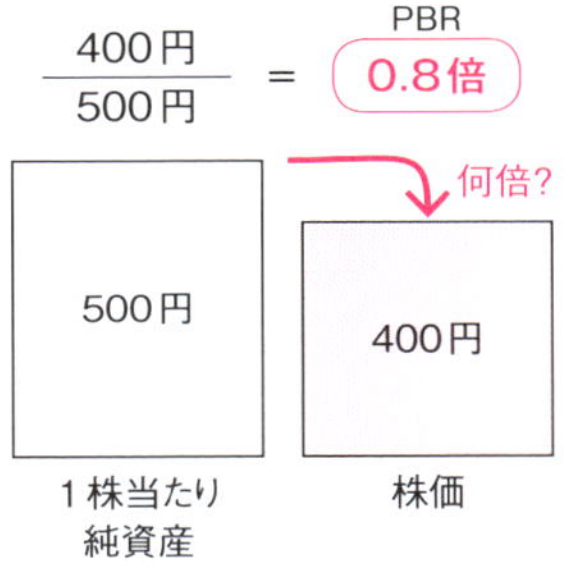

配当利回り

$$\text{配当利回り（\%）} = \frac{\text{1株当たり（予想）配当金}}{\text{株価}} \times 100$$

配当金により年利何パーセントの利回りになるかを表す。

➡ 高いほど株価は割安

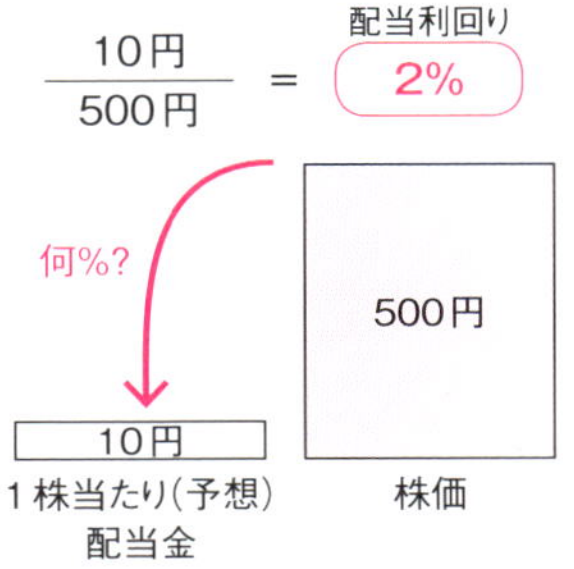

割安の目安を示す3つの指標。上の計算式でも求められるが、『会社四季報』などにはそれぞれの数字が予想も含めて掲載されているので、計算の手間が省ける。

PER15倍以下、PBR1倍以下の株を探す

一般的には、PERが15倍以下、PBRが1倍以下が目安です。ただし、最近の相場は純資産を基準にした展開が来ていないので、僕はPBRよりPERやROAを重視しています。

PERやPBRは、単に何倍かではなく、ほかと比較することが大事です。例えば、同じセクター内で同業他社と比較した上で判断します。また、成長が見込まれているセクターのPERは高く、内需型や成熟産業のPERは低くなるなど、セクターによってバラツキがあります。

安く放置されている銘柄は大企業ではなく中堅以下です。以前僕は、原油が安かったときに、運送業者に注目していました。大手の日本通運（9062）やヤマトHD（9064）は、すでに買われ株価は割高です。しかし、中堅どころを探してみると丸全昭和運輸（9068）という銘柄を見つけました。業績は上がっているのに株価には反映されていませんでした。その判断にPERを見るのです。そのとき、日通のPERは17倍台、ヤマトHDは21倍台ですが、丸全昭和運輸はその半分でした。こういう銘柄が、割安株として放置されているのです。

放置された割安株が、大口投資家の目にとまると、株価は上昇します。株価が上昇してPERが20倍から25倍を超えてきたら、僕は一部手放します。

また、『会社四季報』では、過去3期分の決算について、各決算期内の最高株価と最低株価

■PER、PBRの目安

PERの目安
＝
15倍以下
株価が１株当たり当期純利益の
15倍まで買われている

PBRの目安
＝
1倍以下
株価が１株当たり純資産の
１倍＝同等の水準

を使って計算したPERを掲載しています。つまり、高値平均のPER、安値平均のPERです。それと、業績予想に基づく予想PERが掲載されています。

当たり前のことですが、PERは株価によって日々変動しています。このPERの違いに注目すると、業績が伸びているのに、安値平均PERより予想PERが低い場合が狙い目です。割安感を狙った投資家の買いが入る可能性が高いからです。

また、昨今のように相場全体が暴落している場合は、PERが高い成長型のグロース株はやられてしまいます。しかし、割安株のバリュー銘柄は下落相場に強い。バリュー銘柄は急騰することはありませんが、相場全体が下落トレンドのときは、グロース銘柄からバリュー銘柄にシフトするとよいでしょう。

財務諸表の数字から危ない会社を見抜く

初心者は買ってはいけない！ 自己資本比率の低い株

株式投資にはリスクが伴います。しかしリスクがなければリターンもありません。負けないためには、リスクを最小限にとどめる必要があります。銘柄選びで、財務諸表から買ってはいけない銘柄のポイントを解説します。

まず、会社が安全かどうか、財務が健全かどうかは、会社の基礎体力となる「自己資本比率」や、「有利子負債」の額・比率などで見ます。自己資本は貸借対照表の右側の純資産の部分にあたるところです。この自己資本が企業の資産のどのくらいを占めるかが自己資本比率です。「自己資本÷総資産×１００（％）」で算出します。もちろん自己資本比率は高いほうがよいのですが、投資を抑えて利益の留保を優先してきただけという可能性もあって、その場合は成長性が望めないということになります。また自己資本がマイナスになると債務超過といい、１年以内に解消されないと上場廃止になります。

■自己資本比率でわかる会社の安全性

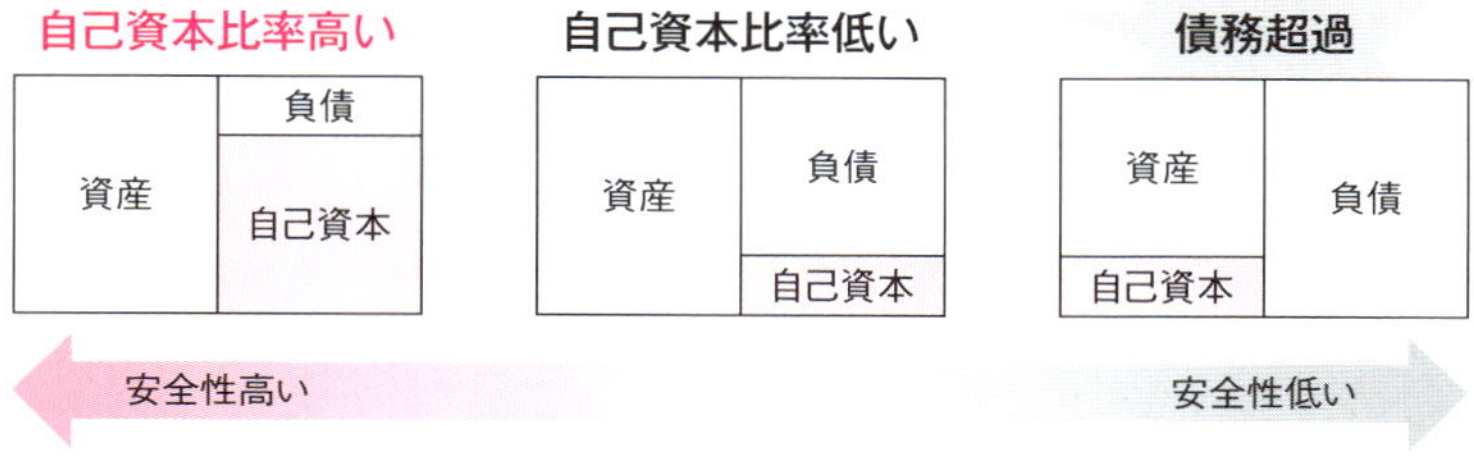

■自己資本比率の計算式

$$\text{自己資本比率(\%)} = \frac{\text{自己資本(返済不要の資本)}}{\text{総資産(自己資本+他人資本)}} \times 100$$

自己資本比率は、会社の経営の安全性を測る代表的な指標。わかりやすく言えば、自社のお金のうち、借金のほうが多い会社は自己資本比率が50%以下になる。

有利子負債は、売上高との比較や、総資産に占める割合を目安にします。売上高を超えているような場合は危険です。また、利益を積み立てたお金である「利益剰余金」がマイナスの場合も危険です。過去の利益を食いつぶしたことになります。

また、よくいう〝赤字〟の見方としては「営業利益」と「当期純利益」に注意する必要があります。営業利益が赤字なのは、原価がすでに売上を上回っている場合、広告宣伝費、人件費などが多すぎる場合です。いずれも本業で利益が上げられないということなので、投資対象からは外したほうが無難です。

当期純利益も同様ですが、時には巨額のリストラ損などの特別損失で一時的に赤字の可能性もあるので、その後V字回復して株価が上昇することもあります。

財務内容から株式を買い増すポイント

リスクを避けながら買い増す方法

業績が好調で、株価も上昇トレンドに入った場合、さらに「押し目買い」、つまり買い増すことがあります。その場合にお勧めしたいのが、信用取引におけるピラミッディングという投資手法です。これは、始めに購入した株数よりも少ない株数で買い増す投資手法です。

例えば、始めに1000株購入したら、次は500株、その次は300株と、買い増す株数を減らしていき、高値で買った株数を少なくするというものです。上昇トレンドはいつまでも続きませんし、ニューヨークで暴落など地合の影響で下げることもあります。その場合、高値で買った株数が少ないと、それだけ損失も抑えられリスクが低減するというものです。

また、利益そのものについても、上昇トレンドで〝買って売る〟を繰り返しながら、トレードした場合と比べると、明らかにこちらのほうが儲けは大きくなります。最初に買った株を持ち続けた分、利益が大きくなるのです。ただし、この投資手法には資金が必要です。ある程度

■ピラミッディングの投資手法

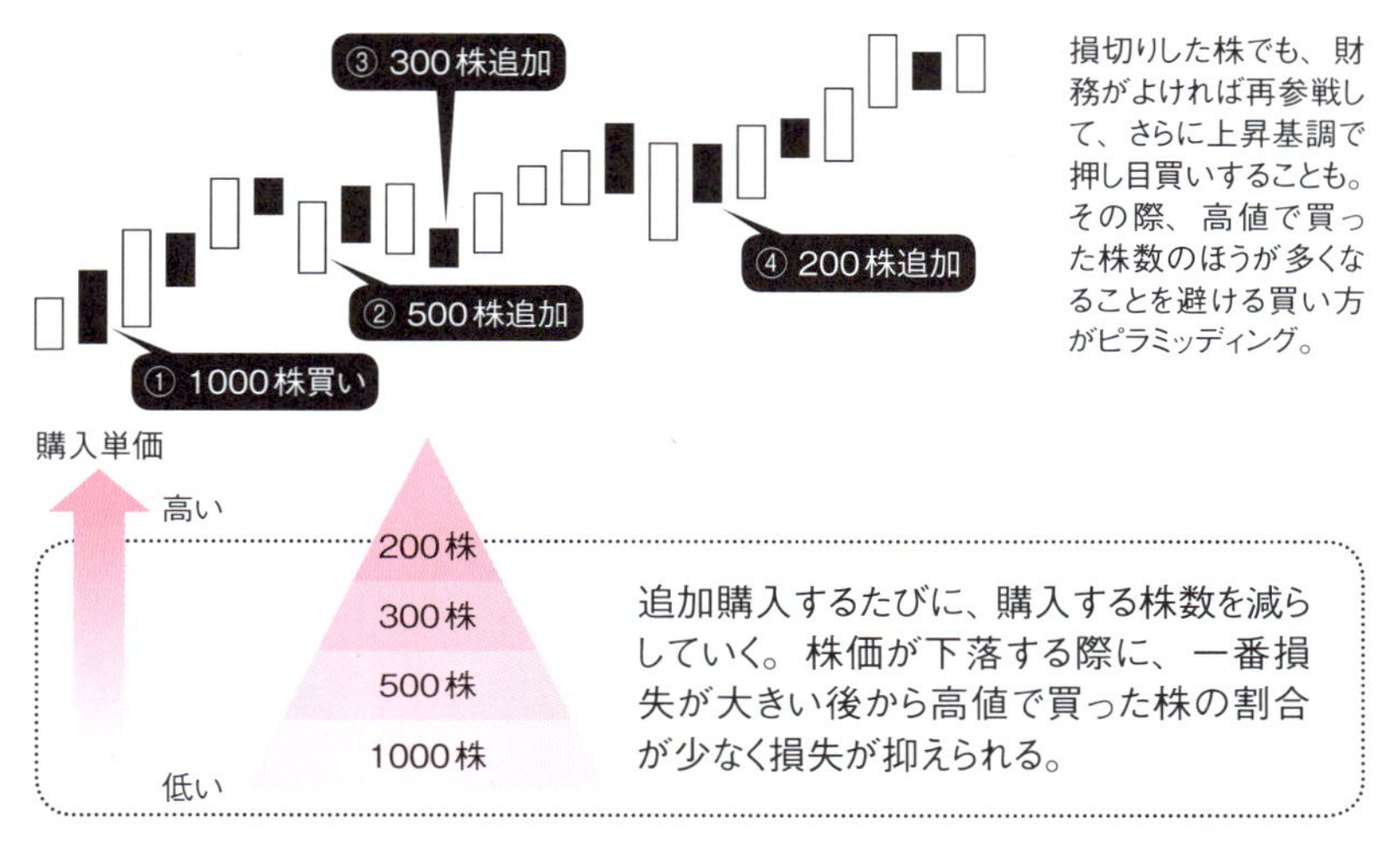
③ 300株追加
② 500株追加
① 1000株買い
④ 200株追加
損切りした株でも、財務がよければ再参戦して、さらに上昇基調で押し目買いすることも。その際、高値で買った株数のほうが多くなることを避ける買い方がピラミッディング。
購入単価
高い
低い
200株
300株
500株
1000株
追加購入するたびに、購入する株数を減らしていく。株価が下落する際に、一番損失が大きい後から高値で買った株の割合が少なく損失が抑えられる。

資金ができてからチャレンジしてみてください。

また、業績はいいのに地合が悪くて株価が下がり、ロスカットしてしまう場合もあります。その場合でも、一度はやむなく手放したものの再参戦することもあります。もともと、業績を確認した上で買った銘柄ですから、外部要因で一時的に下げても、また復活してくるケースがほとんどです。その場合は、迷わず再参戦。上昇トレンドに入ったら、ピラミッディング投資法でリスク管理しながら買い増していきます。

一方、業績が悪くて株価が下がった銘柄については、リバウンド狙いでの買い戻しは失敗しやすいでしょう。テクニカルだけに頼って投資していると、失敗してしまいます。周りを見れば魅力的な銘柄はまだまだたくさんあるはずです。あまり、一つの銘柄に固執しないほうがよいでしょう。時には諦めが肝心なのです。

年初来高値銘柄を「逆指値」で注文する

僕の基本的な投資手法は、高配当銘柄への投資です。あくまで配当金生活を目標にやってきましたから。今ではある意味目標を達成できているのですが、投資手法はブレずに続けています。銘柄選びの条件は、配当利回り3％以上です。ただし、業績がしっかりしていることは絶対条件です。まず売上高、営業利益がゆるやかに上昇していること。そして、借金がないこと。有利子負債が少ないことが条件です。外国人株も少ないほうがいいでしょう。20％以下が理想です。ここが多いと地合に影響されやすくなるからです。

チャートも大好きなのでよく見ますが、月足、週足、日足の順で重視しています。特に月足は裏切らないですね。日足の場合はゴールデンクロスが出ても必ず株価が上昇するとは限りません。長期のチャートのほうが正確にトレンドを表しているんです。

また、新高値をつけた銘柄を買い増ししていくという方針も持っています。新高値とは、過去の高値を超えたときの株価のことで、上場以来の高値「上場来高値」、その年の高値「年初来高値」、昨年以降の高値「昨年来高値」などがあります。僕が狙うのは「年初来高値」。新高値がつくということは、それまでの株価より割高でも買いたい人がたくさんいる、ということです。また、年初来高値であれば、少なくともその年に買って保有している人は全員含み益が

■年初来新高値をつけた銘柄を狙う

	通常の指値	逆指値
株価上昇で指値になったら	売る	買う
株価下落で指値になったら	買う	売る

人気化する可能性が非常に高い、年初来高値をつけた銘柄を買う場合は、逆指値の注文が有効。その際のポイントは、なるべく出来高の多い銘柄で行うこと。

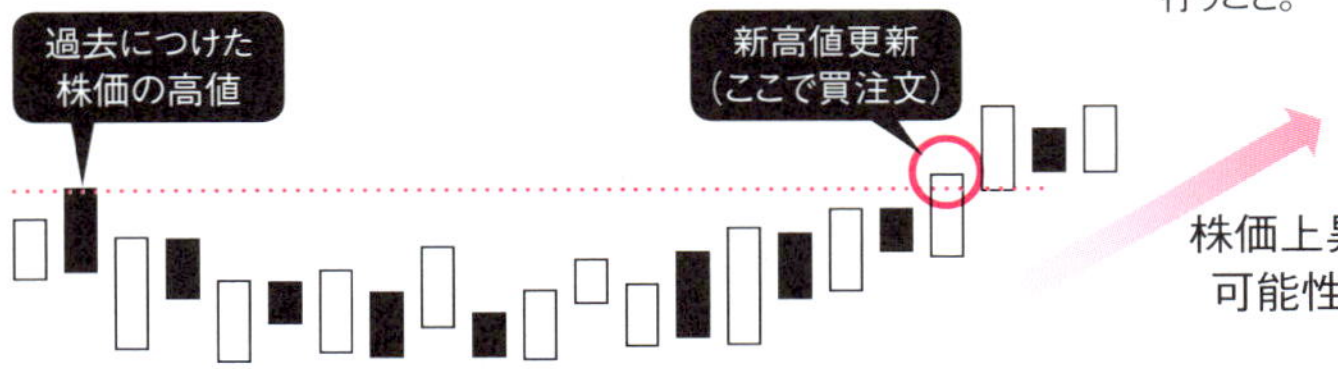
過去につけた株価の高値
新高値更新（ここで買注文）
株価上昇の可能性大

新高値がついたということは？
高値でもどうしても買いたい人がいた。
これまで買った人全員に含み益が出ている。
→ **人気化の期待大**

出ていて、誰も損していない状態を意味します。このような銘柄は、さらに人気が出てさらに株価が上昇する可能性が高いのです。

年初来高値になりそうな銘柄の買い方には、コツがあります。「逆指値」で注文するのです。

普通、指値注文では、今の株価より安い値段で買い注文を出し、株価が注文した価格以下になった時点で買うことができます。しかし僕は、あえて新高値の1円上に設定した株価で買い注文を出す逆指値を使います。そうすれば、新高値を超えたとき、成行買いの注文が入ることになります。成行買いは、その時点での高い指値注文から売買が成立していきますので、新高値より1円高い値で注文した僕は、約定できる確率が高まります。業績のよい銘柄なら、年初来高値が出る可能性は大きい。そのたびに、ピラミッディングの投資方法で買い増しするのです。

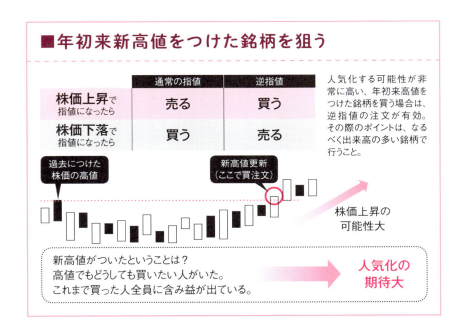

月10万円が達成できた会社の好決算ベスト3

資金の少ないうちは成長《グロース》株投資で

初めて株式投資をする場合、投資資金もそれほど潤沢にはないでしょう。僕は100万円から始めましたが、平均的に見ても100万〜300万円から始める人が多いのではないでしょうか。少ない資金で月に10万円を稼ぐには、ある程度のリスクは覚悟しなければなりません。そして、一度や二度失敗しても諦めないで続けることで、いつか軌道に乗るときがきます。

投資手法としては、今後の成長に期待する成長株（グロース）投資がよいでしょう。アベノミクス相場のときは、株価が5倍、10倍になる銘柄が続出しました。

具体的な条件としては、小型株で売上がコンスタントに20％増、営業利益が25％増。この場合配当はなくても構いません。オーナー企業で、上場して間もない企業や地方の企業なども狙い目です。地方の小型株などは、プロもチェックしませんから、そうした銘柄を根気よく探していけば、必ず見つかります。106ページからは、そんな銘柄の好決算の例を紹介します。

■売上高と営業利益がゆるやかに伸びているかをチェック!

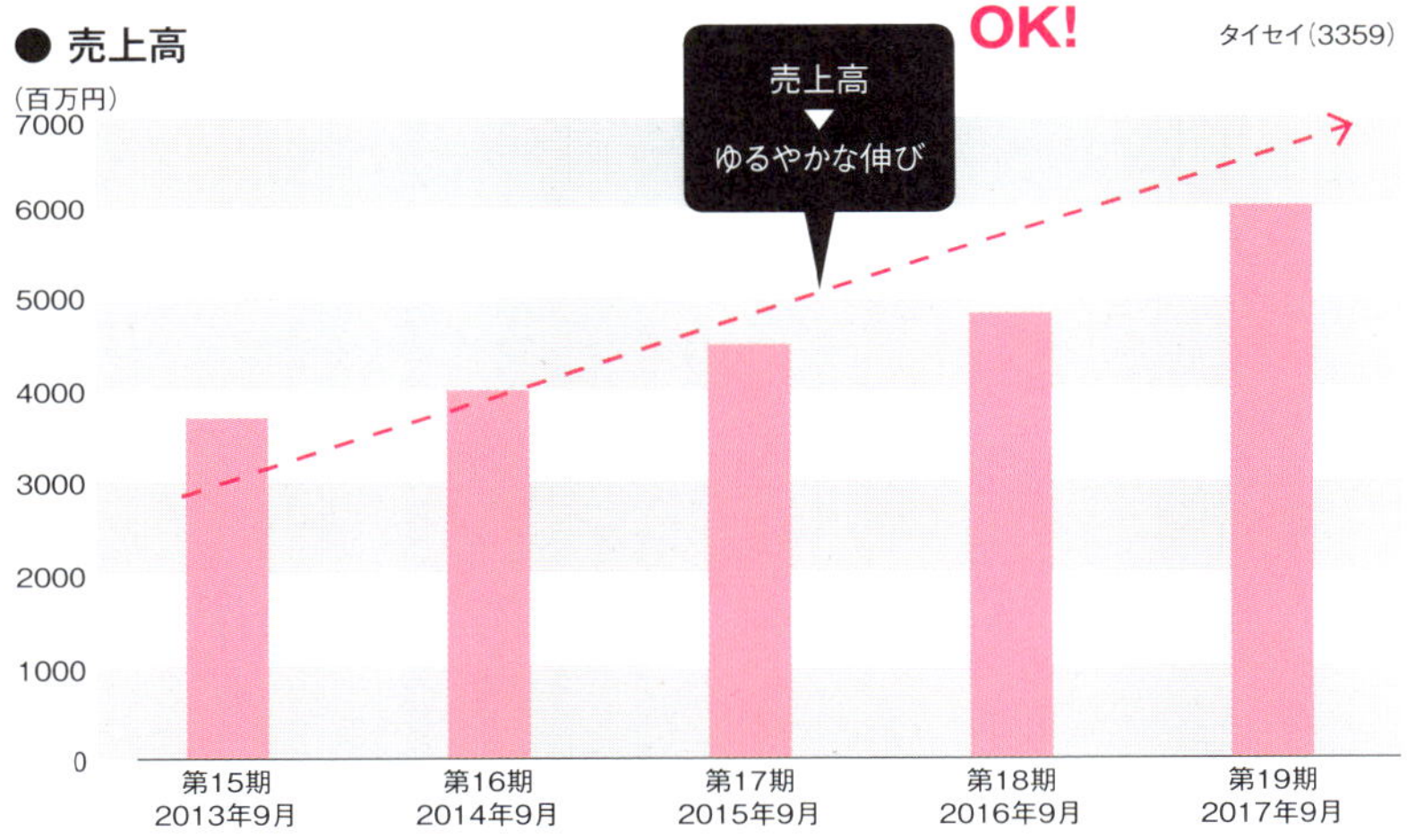

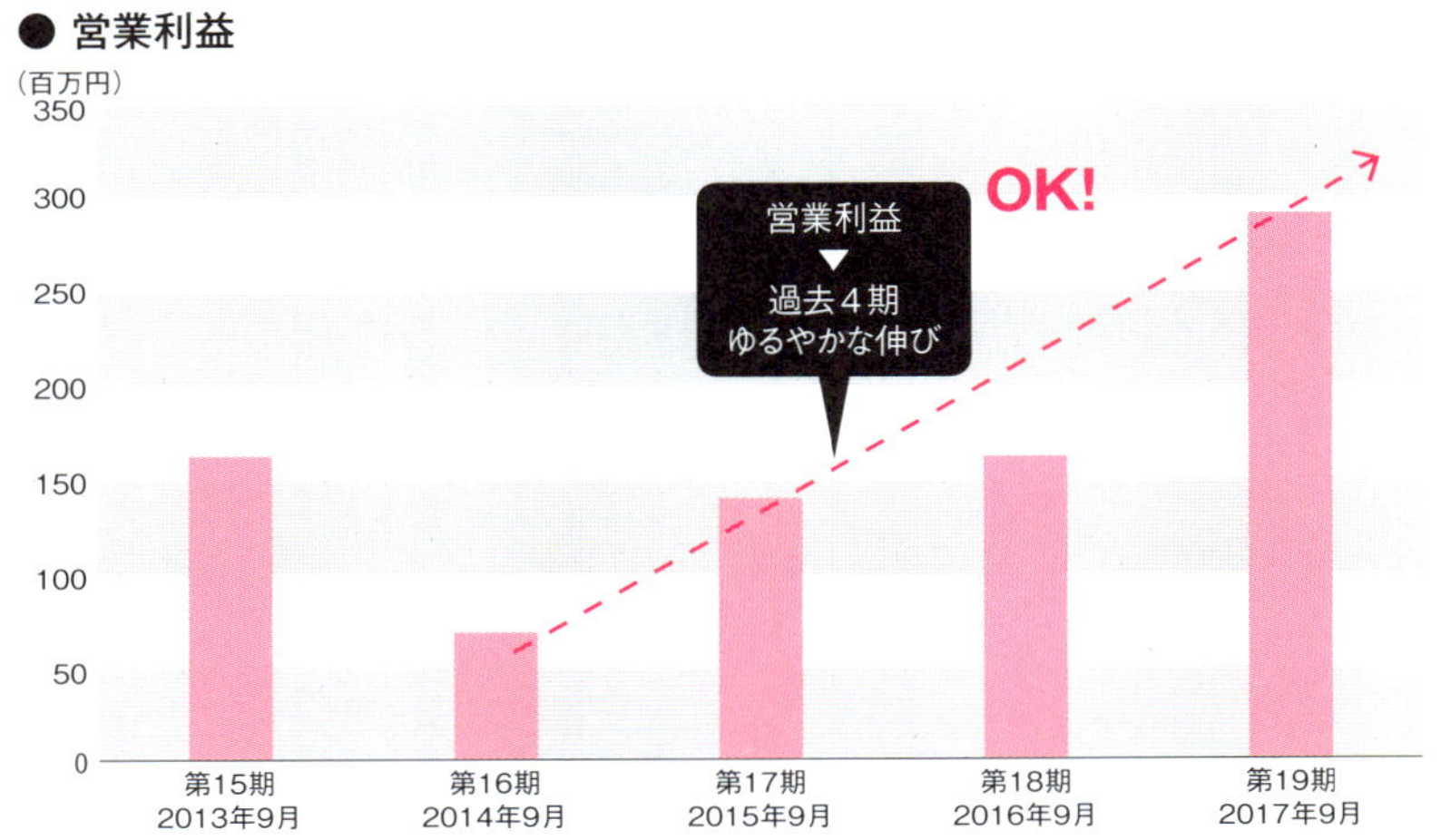

110ページで紹介しているタイセイ(3359)の売上高と営業利益の推移。一時減益のときもあったが、売上、営業利益ともにゆるやかに上昇していることがわかる。

■株価が上がる決算①

エリアリンク(8914)
※保有中

買いの理由

ストレージ（収納トランクやコンテナなど）設置の成長力、土地付きストレージのREIT化、賃貸マンション不動産投資から都市部への新商品「土地付きストレージ」への資金シフトなどに注目。

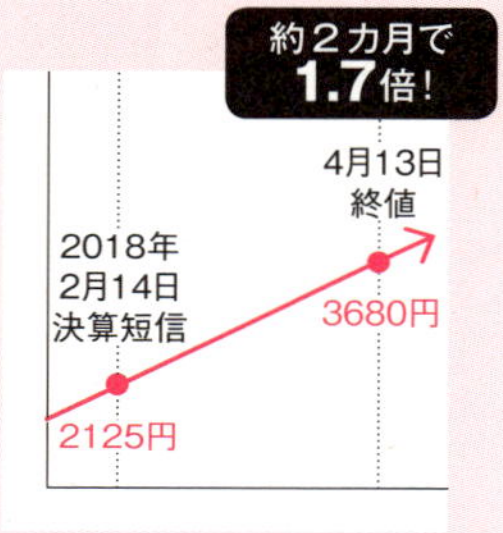

約2カ月で
1.7倍！
4月13日
終値
2018年
2月14日
決算短信
3680円
2125円

決算内容

今期EPS（1株当たり当期純利益）が151.21円予想となり、強気予想（前年は110.31円）。2018年2月14日の株価は2125円。予想PER14倍(※)と急低下し、割安感が出た。例年この会社の予想は手堅いが、今回はサプライズ。

（※）エリアリンクのPERはその後の株価上昇で4月には25倍超。それでも筆者が保有し続ける理由は、業界を二分する競合のパルマ（3461）による郵政キャピタルへの第三者割当増資など、土地付きストレージのREIT化加速の動きが見られるため。

● エリアリンク(8914)の決算

2017年12月期　決算短信〔日本基準〕(非連結)

2018年２月14日

上場会社名	エリアリンク株式会社	上場取引所	東
コード番号	8914	URL http://www.arealink.co.jp/	
代表者	(役職名) 代表取締役社長	(氏名) 林　尚道	
問合せ先責任者	(役職名) 執行役員管理本部長	(氏名) 大滝　保晃	(TEL) 03-3526-8555
定時株主総会開催予定日	2018年３月28日	配当支払開始予定日	2018年３月29日
有価証券報告書提出予定日	2018年３月29日		
決算補足説明資料作成の有無	：有		
決算説明会開催の有無	：有　(機関投資家・アナリスト向け)		

(百万円未満切捨て)

１．2017年12月期の業績 (2017年１月１日～2017年12月31日)

(１) 経営成績　(%表示は対前期増減率)

	売上高		営業利益		経常利益		当期純利益	
	百万円	%	百万円	%	百万円	%	百万円	%
2017年12月期	21,489	27.1	2,379	22.9	2,441	24.0	1,547	35.4
2016年12月期	16,908	△1.5	1,935	△27.2	1,968	△19.4	1,142	△26.3

	１株当たり当期純利益	潜在株式調整後１株当たり当期純利益	自己資本当期純利益率	総資産経常利益率	売上高営業利益率
	円 銭	円 銭	%	%	%
2017年12月期	126.08	―	9.8	9.1	11.1
2016年12月期	93.06	―	7.6	9.1	11.4

(注) 2016年７月１日を効力発生日として普通株式10株を１株に併合する株式併合を実施しております。前事業年度の期首に当該株式併合が行われたと仮定して１株当たり当期純利益金額を算定しております。

(２) 財政状態

	総資産	純資産	自己資本比率	１株当たり純資産
	百万円	百万円	%	円 銭
2017年12月期	29,904	16,351	54.7	1,332.88
2016年12月期	23,791	15,283	64.2	1,245.09

(参考) 自己資本　2017年12月期　16,351百万円　2016年12月期　15,283百万円

(注) 2016年７月１日を効力発生日として普通株式10株を１株に併合する株式併合を実施しております。前事業年度の期首に当該株式併合が行われたと仮定して１株当たり純資産額を算定しております。

(３) キャッシュ・フローの状況

	営業活動によるキャッシュ・フロー	投資活動によるキャッシュ・フロー	財務活動によるキャッシュ・フロー	現金及び現金同等物期末残高
	百万円	百万円	百万円	百万円
2017年12月期	△2,992	△1,423	3,854	6,594
2016年12月期	△708	△1,544	2,999	7,158

２．配当の状況

	年間配当金					配当金総額(合計)	配当性向	純資産配当率
	第１四半期末	第２四半期末	第３四半期末	期末	合計			
	円 銭	円 銭	円 銭	円 銭	円 銭	百万円	%	%
2016年12月期	―	0.00	―	39.00	39.00	478	41.9	3.2
2017年12月期	―	0.00	―	40.00	40.00	490	31.7	3.1
2018年12月期(予想)	―	0.00	―	46.00	46.00		30.4	

(注) 2016年７月１日を効力発生日として普通株式10株を１株に併合する株式併合を実施しております。

３．2018年12月期の業績予想 (2018年１月１日～2018年12月31日)

(%表示は、通期は対前期、四半期は対前年同四半期増減率)

	売上高		営業利益		経常利益		当期純利益		１株当たり当期純利益
	百万円	%	百万円	%	百万円	%	百万円	%	円 銭
第２四半期(累計)	13,500	29.9	1,185	△7.0	1,130	△13.1	765	△10.8	62.36
通期	30,000	39.6	3,000	26.1	2,870	17.6	1,855	19.9	151.21

EPS
＝151.21円

BPカストロール(5015)

※過去に保有

買いの理由

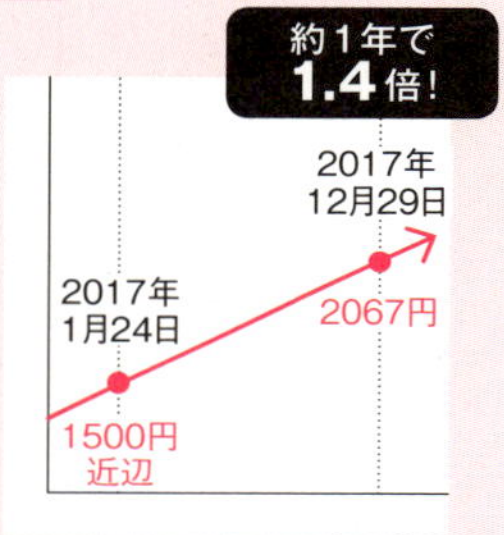

純利益のほぼ全額を配当に充てる(=配当性向100%)を明言。財務内容も良好で営業利益率が20%超え。高配当狙いで買い。しかし、今期営業利益減益&減配の予想を受け、利益確定売り。減配は即・売るがマイルール。

決算内容

2017年1月24日発表のIR。配当予想が65円から91円に上方修正。業績および配当の強気予想に転換。株価は1500円で反応は鈍かったが、配当利回り6%の認識が浸透。上場来高値をつけ、月足チャートのもみ合いも上抜けた。

● ビーピー・カストロール(5015)の決算

2016年
12月期
決算短信

平成29年1月24日

各 位

会　社　名　ビーピー・カストロール株式会社
代表者の役職名　代表取締役社長　小石　孝之
号　5015　東証第一部)
取締役財務経理部長　渡辺　克己
03－5719－7750

営業利益
20%越え

(百万円未満切捨て)

1．平成28年12月期の業績（平成28年1月1日～平成28年12月31日）

（1）経営成績　（%表示は対前期増減率）

	売上高		営業利益		経常利益		当期純利益	
	百万円	%	百万円	%	百万円	%	百万円	%
28年12月期	12,806	△1.8	3,196	26.3	3,199	25.6	2,082	32.6
27年12月期	13,045	△6.3	2,530	2.9	2,547	4.4	1,570	△17.1

	1株当たり当期純利益	潜在株式調整後1株当たり当期純利益	自己資本当期純利益率	総資産経常利益率	売上高営業利益率
	円 銭	円 銭	%	%	%
28年12月期	90.70	—	18.1	21.8	25.0
27年12月期	68.42	—	14.1	17.5	19.4

（参考）　持分法投資損益　28年12月期　－百万円　27年12月期　－百万円

（2）財政状態

	総資産	純資産	自己資本比率	1株当たり純資産
	百万円	百万円	%	円 銭
28年12月期	15,072	11,753	78.0	511.94
27年12月期	14,236	11,263	79.1	490.61

（参考）　自己資本　28年12月期　11,753百万円　27年12月期　11,263百万円

（3）キャッシュ・フローの状況

	営業活動によるキャッシュ・フロー	投資活動によるキャッシュ・フロー	財務活動によるキャッシュ・フロー	現金及び現金同等物期末残高
	百万円	百万円	百万円	百万円
28年12月期	2,853	△60	△1,581	2,868
27年12月期	1,217	△118	△1,351	1,658

配当性向
100%

2．配当の状況

	年間配当金					配当金総額（合計）	配当性向	純資産配当率
	第1四半期末	第2四半期末	第3四半期末	期末	合計			
	円 銭	円 銭	円 銭	円 銭	円 銭	百万円	%	%
27年12月期	—	26.00	—	43.00	69.00	1,584	100.8	14.2
28年12月期	—	26.00	—	65.00	91.00	2,089	100.3	18.2
29年12月期(予想)		[illegible]	—	36.00	71.00		100.1	

正に関するお知らせ

12月期の業績予想を下記のとおり修正いたし
、本日開催の取締役会において、下記のとおり

8年12月1日～平成28年12月31日）

経常利益	当期純利益	1株当たり当期純利益
百万円	百万円	円 銭
2,489	1,574	67.40
199	2,082	90.70
710	508	—
28.5	32.3	—
2,547	1,570	68.42

つきましては、国内新車登録台数の落ち込み等
る見込みですが、利益面につきましては、商品
率の改善により予想を上回る見込みでありま

入手可能な情報に　あり、実際
の業績　よって予想数値と異なる場合があ

配当予想
65円→91円

3．　配当予想の修正の内容

	年間配当金（円）		
	第2四半期	期末	合計
前回予想		40円	66円
今回修正予想		65円	91円
当期実績	26円		
前期実績（平成27年12月期）	26円	43円	69円

■株価が上がる決算③

タイセイ(3359)
※保有中

買いの理由

2017年11月13日の決算で、今期の予想営業利益の伸び率が5.3%と、しょぼすぎて株価暴落。翌14日1300円→15日一時989円まで下がる。このあたりから仕込み始める。

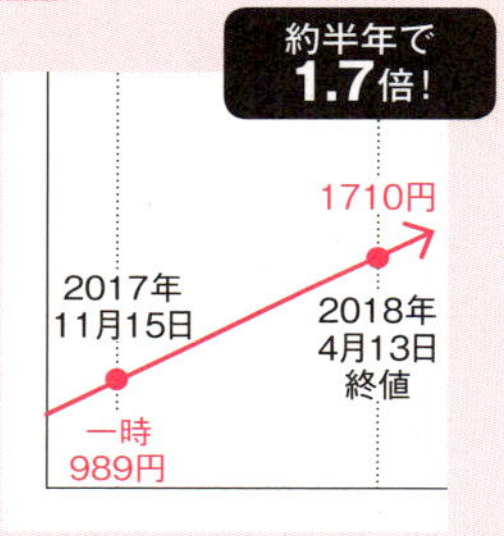
約半年で
1.7倍!
1710円
2017年
11月15日
2018年
4月13日
終値
一時
989円

決算内容

2018年2月14日発表の2017年10～12月決算。営業利益率23.2%で、3カ月で進捗率50%を超えている。「なんだ、通期予想は保守的ではないか」と気がつき、株価は急上昇。この時点で2月15日の始値の株価1291円でPER19.2倍だが、どう考えても上振れ余地はあると見られた。今はやりのネット通販関連で元々PERが高いセクター。

● タイセイ(3359)の決算

平成30年9月期 第1四半期決算短信〔日本基準〕(連結)

平成30年2月14日

上場会社名　株式会社タイセイ　　上場取引所　東 福
コード番号　3359　URL http://www.taisei-wellnet.co.jp
代表者　(役職名) 代表取締役社長　(氏名) 佐藤 成一
問合せ先責任者　(役職名) 取締役経理部長　(氏名) 野村 弘　TEL 0972-85-0117
四半期報告書提出予定日　平成30年2月14日
配当支払開始予定日　―
四半期決算補足説明資料作成の有無　:　無
四半期決算説明会開催の有無　:　無

(百万円未満切捨て)

1. 平成30年9月期第1四半期の連結業績(平成29年10月1日～平成29年12月31日)

(1) 連結経営成績(累計)　(%表示は、対前年同四半期増減率)

	売上高		営業利益		経常利益		親会社株主に帰属する四半期純利益	
	百万円	%	百万円	%	百万円	%	百万円	%
30年9月期第1四半期	1,884	6.3	160	23.2	163	19.5	114	16.1
29年9月期第1四半期	1,772	18.0	130	5.3	137	6.2	99	5.8

営業利益
23.2%

(注)包括利益　30年9月期第1四半期　114百万円 (16.1%)　29年9月期第1四半期　99百万円 (5.8%)

	1株当たり四半期純利益	潜在株式調整後1株当たり四半期純利益
	円 銭	円 銭
30年9月期第1四半期	31.87	31.47
29年9月期第1四半期	27.49	27.33

(注)1株当たり四半期純利益および潜在株式調整後1株当たり四半期純利益の算出にあたり、期中平均株式数の算定上控除する自己株式数には、株式給付信託制度の信託財産として、資産管理サービス信託銀行株式会社(信託E口)が所有している当社株式が含まれております。

(2) 連結財政状態

	総資産	純資産	自己資本比率	1株
	百万円	百万円	%	
30年9月期第1四半期	4,471	2,303	51.2	
29年9月期	4,333	2,207	50.6	

(参考)自己資本　30年9月期第1四半期　2,290百万円　29年9月期　2,194百万円

(注)1株当たり純資産の算出にあたり、期末自己株式数の算定上控除する自己株式数には、株式給付信託制度の信託財産として、資
行株式会社(信託E口)が所有している当社株式が含まれております。

営業利益(百万円)
通期予想 307
第1四半期 160
▼
3カ月で進捗率
50%超

2. 配当の状況

	年間配当金				
	第1四半期末	第2四半期末	第3四半期末	期末	合計
	円 銭	円 銭	円 銭	円 銭	円 銭
29年9月期	―	0.00	―	5.00	5.00
30年9月期	―				
30年9月期(予想)		0.00	―	10.00	10.00

(注)直近に公表されている配当予想からの修正の有無　:　無

30年9月期(予想) 期末配当金の内訳　普通配当　5円00銭　(第20期)記念配当　5円00銭

3. 平成30年 9月期の連結業績予想(平成29年10月 1日～平成30年 9月30日)

(%表示は、対前期増減率)

	売上高		営業利益		経常利益		親会社株主に帰属する当期純利益		1株当たり当期純利益
	百万円	%	百万円	%	百万円	%	百万円	%	円 銭
通期	6,148	1.9	307	5.3	344	4.5	242	1.1	67.20

今期予想は
5.3%の伸び

(注)直近に公表されている業績予想からの修正の有無　:　無

(注)1株当たり当期純利益の算出にあたり、期中平均株式数の算定上控除する自己株式数には、株式給付信託制度の信託財産として、資産管理サービス信託銀行株式会社(信託E口)が所有している当社株式が含まれております。

株価が上がる会社の情報はどこで探す？

『会社四季報』、「四季報オンライン」などを活用

銘柄選びの基本ツールは、まず『会社四季報』です。僕は、発売されると3、4日かけて喫茶店で集中して読みます。ここにさまざまな財務情報が出ているほか、コンパクトに銘柄の特徴が掲載されています。例えば『会社四季報』をぱっと見て、バリュー株がわかる方法があります。【財務】欄の利益剰余金が10000で有利子負債が1000だと、ほとんど無借金経営だということがわかります。これがバリュー株の特長の一つです。パラパラとめくっているだけで、わりと簡単に見つけることができると思います。また、社員の年収なども見ています。小売りや外食産業は給与が平均的に少ないですが、業界内で比較して高い場合は注目です。社員のモチベーションは大事です。

また、情報の鮮度やスクリーニング機能を求めるなら「四季報オンライン」がいいでしょう。情報は頻繁に更新されますし、自分が決めた指標を基にスクリーニングすることもできます。

■『会社四季報』と会社四季報オンライン

『会社四季報』

パラパラとめくるだけで主要情報がすぐにわかる『会社四季報』

会社四季報オンライン

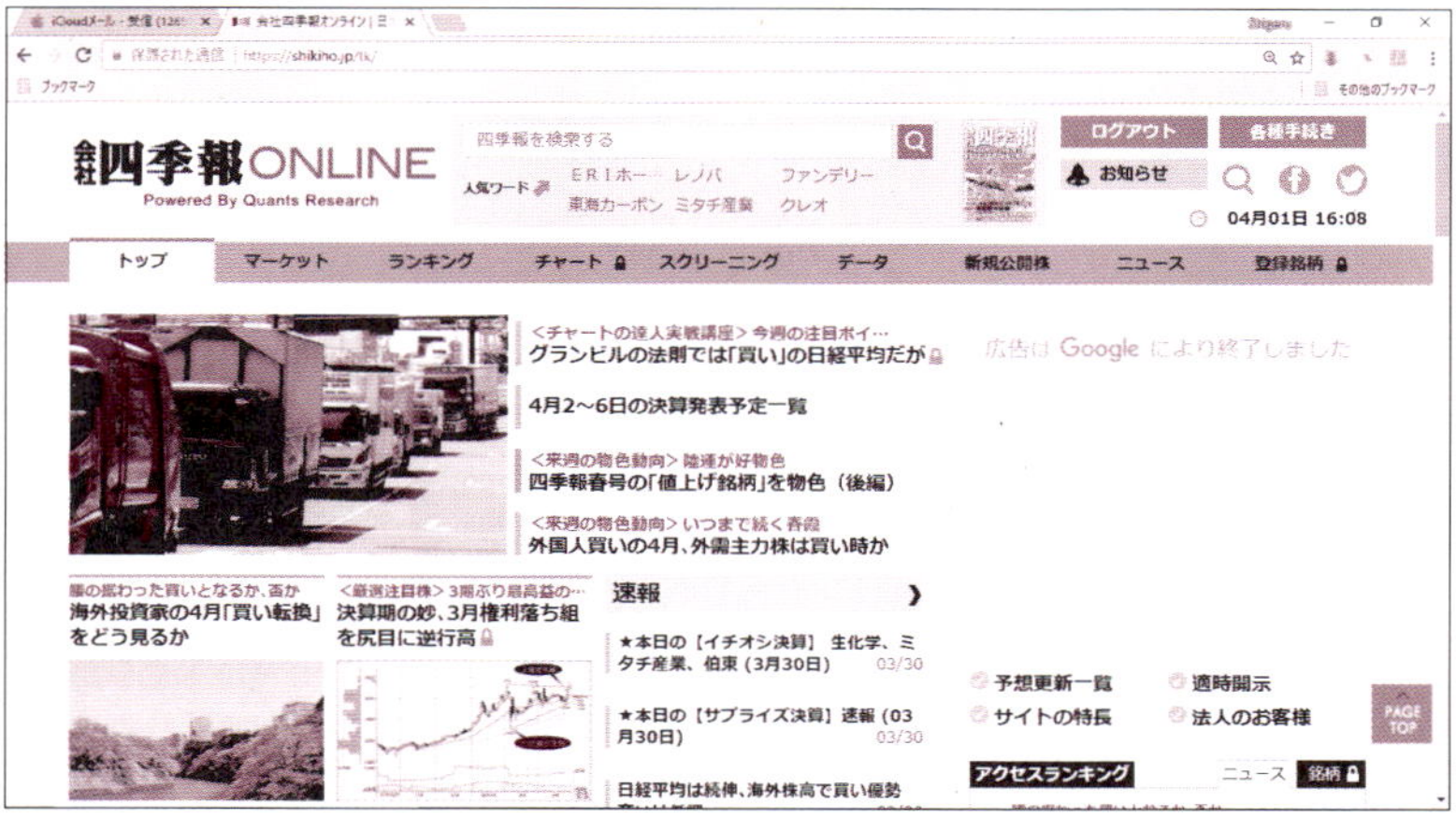

スクリーニング機能などに優れた「四季報オンライン」。調べられる情報量によってコースが数種類設定され、料金も異なる。

街を歩けば企業の業績が見えてくる

僕がお勧めするもう一つの銘柄選びの方法は、街を歩いていろいろ自分で観察することです。例えば、長年変わらなかった大きな看板が、数年ぶりに変わったときなどは、意外にそこに大きなチャンスが潜んでいます。少し前に僕が見たのは、急成長しているパーク24（4666）の看板です。以前、ここには消費者金融大手・武富士の店舗がありました。新旧勢力の入れ替わりという印象を受けました。

また、小売りや外食の店にもよく行きます。ペッパーフードサービス（3053）の「いきなりステーキ」が話題になったとき、店をのぞいてみると、特にランチの行列ができていて、今までにない業態だということが実感としてわかりました。その後ペッパーフードサービスは、株価が10倍になった「テンバガー」としても有名になりました。

億り人投資家の勉強会に参加する

僕の楽しみの一つが、仲間との情報交換です。たくさんの億り人と情報交換させていただいていますが、とても勉強になります。

■億り人が集まる勉強会

億以上の資産を持つ「億り人」の講演を聞いたり、交流が持てたりする勉強会が各地で行われている。投資の高度なテクニックを学ぶだけでなく、普段はツイッターやブログでしか交流のなかった“生・億り人”と直接コミュニケーションが持てる貴重な機会なので、ぜひ参加してみよう。

（沼津）サロン FUJIYAMA（毎月第１土曜日）
参加申し込み　株式会社吉野エージェンシー
info@hokenyoshi.jp

（東京）緑の集まり
参加申し込み　本書編集部まで
お問い合わせください

（名古屋）キャッシュフローゲーム会
参加申し込み　公式HP（http://cfg-n.seesaa.net/）
より会員登録

みんな投資手法はバラバラです。知り合いの一人は、バリュー株にすべてを捧げ、僕がとても買えないような銘柄を平気で買います。

基本的な財務諸表の見方は解説しましたが、人によって、それをどう捉えるかはまた別の話です。例えば僕は高配当銘柄投資なので、ＪＴを持っています。配当利回りは４・９％もあります。タバコ産業は衰退する一方と捉えれば、普通は手が出ないでしょう。でもタバコは、アジアやロシアではまだまだ伸びていて、新興国の紙タバコ会社をＪＴが買収したりして、業績は悪くありません。

そんな情報交換をするのは、お互いとても触発されるし、銘柄選びの参考になります。こういった億り人投資家の勉強会は全国にたくさんあります。みなさんもぜひ、参加してみてください。

COLUMN

配当で儲ける投資法

配当と売買の利益で2重に儲ける

株で稼ぐ もう一つの方法「配当」

株式投資で得られる利益には、株の売買によって利益を得られる「キャピタルゲイン」と、配当などによって利益を得られる「インカムゲイン」があります。

配当狙いの投資が基本の、本書の講師wwwＷ９９４５さんの場合は、もともと清掃会社で働いていて、３年前に専業投資家になりましたが、会社を辞めた時点の年収は３００万円台、現在はその収入を大きく上回る９５０万円を配当で稼いでいます。

ｗｗｗ９９４５さんは、年収が３００万円の時代から、可処分所得のほとんどを株に投入することで、今の資産を作る結果に結びつきました。実際、配当だけで生活するほどの資産を築いた人は、資産のほぼ全額を株に投資している場合が多いようです。しかし、それにはリスクも伴うので、すべての人にはお勧めできません。

そこで、ｗｗｗ９９４５さんは、資産の30〜40%程度を投資に回して資産を増やし、毎月20万円程度の配当収入を得るやり方を勧めています。

配当から得られる利益で、本書のテーマである「月10万円稼ぐ」という目的に近づくにはなかなか厳しいかもしれませんが、インカムゲインである程度確実な利益を出して、そこにキャピタルゲインを上乗せしていけば、より目標の達成に近づくことができます。

たとえば、配当金が年30円の銘柄で、株価が1000円、売買単位100株だとします。1000株買えば、1株当たり30円の配当ですから、30円×1000株で、年に30000円の配当金が得られる計算になります。

この場合、株価は1000円ですから、100株で10万円必要です。10倍の1000万円で10000株買えば、年間3万円、4000万円で4万株買えば、年間120万円の配当金が得られます。そして、本書の目標である「月10万円=年間120万円稼ぐ」という目標が、労せずして達成されます（実際は、ここから税金が引かれますので、もう少し余裕を持った設計が必要になります）。

インカムゲイン（配当）で儲けを補填する

もっとも、最初から4000万円の資金を用意できる人は少ないと思いますので、300万円の元手があったとして、そのうち100万円を配当金狙いの株式に投資したとします。例えば三井金属エンジニアリング（1737）という会社の株価を『会社四季報』のチャートやYahoo!ファイナンスなどで見ると、2016年3月末時点で約850円です。100万円あれば1100株買えます。この会社の2017年3月期の配当は54円。そこでこの株式を1100株買えば、配当金だけで54×1100=5万9400円になります。

さらに、この銘柄は2017年3月末には1240円くらいになっていますので、株価は3

90円上がっています。そこで得られるキャピタルゲインは、390円×1100＝42万9000円です。

つまり、インカムゲインとキャピタルゲインを合わせて、5万9400円＋42万9000円＝48万8400円になります。

目標の年間120万円を達成するには、この株式をあと2・46倍（120万円÷48万8400円）買えばいいことになりますね。売買当初の金額が850円としたら、850円×1100株×2・46≒230万円となり、230万円の元手があれば、年間120万円を達成です。

もちろん、すべてがこのようにうまくいくわけではありませんので、あくまでも参考例です。しかし、持ち金すべてをリスクの高いキャピタルゲイン投資に回していくより、一部を配当狙いに充てていくというやり方も、あるということです。

また、配当を狙う際、配当の支払いが決定する「権利確定日」前に株式を売ってしまうと、配当を得られる権利がなくなってしまうので、気をつけましょう。

第4章

4限目

忙しいサラリーマンにもお勧め！業績重視の堅実投資

講師◉今亀庵先生

4限目のポイント

投資チャンスをつかんだ中長期投資

私が本格的に株式投資を始めたのは、定年退職後です。2008年、「100年に一度の経済危機」と言われたリーマン・ショックの直後でしたが、私にとっては「100年に一度の投資チャンス」でした。そして目をつけたのがJ-REIT（不動産投資信託）です。破綻するJ-REITもありましたが、

月10万円稼ぐPOINT

元金 100万円から

手法 100万円からの投資は、信用取引でレバレッジを効かせて行う、玄人向けの投資手法。初心者は最低300万円くらいから、2～3銘柄に絞った集中投資で稼ぐ。

破綻の原因は資金繰りの悪化で、ビジネスモデル自体に問題はありませんでした。しかも、株価の暴落で利回りは30%や40%という異常事態。迷わず退職金の一部2000万円を投資しました。

その後、J－REIT市場はリバウンドし、1年で2000万円が1億5000万円くらいになりました。もし半年早く投資していたら暴落、半年遅れていたら急反発のチャンスを逃がしていたかもしれません。その儲けは株式市場に投資し、アベノミクスでさらに資産を40億円ほどに増やすことができました。

すべては〝運〟がよかったと言えば、それまでです。しかし、株式市場にはリーマン・ショックほどではないにしても、チャンスはたくさんあります。そのチャンスを逃がさないようにするには努力と経験を積むことです。

私の投資手法は2、3年先を見越した中長期の投資です。日中仕事をしているサラリーマンにとっては有効な投資手法だと思いますので、その方法を解説していきます。

今亀庵(いまかめあん)

専業投資家。60代。金融資産40億円。退職後に年金資金作りのため本格的に投資をスタート。退職金から投資した2000万円を、リーマン・ショック後の2009年に1億5000万円に、アベノミクス後には40億に増やす。

Twitter：@vo2QW5uVt8IzDRL

日本株を買う、これだけの理由

サラリーマンが億の資産を築く、最も有力な方法

世の中には、さまざまな金融商品がありますが、いろいろと見比べてみると、いかに株式投資が有利か、ということがわかります。

まず、銀行預金は今、預貯金の金利はほとんどゼロに近い。１００万円をメガバンクに1年定期で預けても金利は０・０1％、つまり1年預けても１００円しか利息はつきません。ネットバンクで０・０５％程度でしょうか。バブルの頃は８％もあったと言いますから、1年で8万円も利子がついたことになります。これなら預ける意味もあると思いますが、今の金利ではタンス預金と変わりません。

次に10年国債。株か国債か、これは投資家の間ではとても大きなポイントになります。しかし今は銀行預金同様、金利は０・１％程度です。米国国債だと３％ほどありますが、為替のリスクがあります。

■金融商品金利比較

2018年4月1日時点

金融商品	金利(利回り)%	特徴、取り扱い金融機関など
普通預金(大手銀行)	0.001	三菱UFJ銀行、みずほ銀行など
普通預金(ネット銀行)	0.02	オリックス銀行、楽天銀行など
定期預金(大手銀行)	0.01	三菱UFJ銀行、みずほ銀行など
定期預金(ネット銀行)	0.05	イオン銀行、じぶん銀行など
個人向け国債	0.05 (表面利率[年])	満期3年、5年ものは固定金利、10年ものは変動金利
個人向け社債	0.5〜0.7	マネックス証券、SBI証券など
日本国債(利付国債)	0.1% (表面利率[年])	平成30年3月債。都市銀行、地方銀行、ゆうちょ銀行、証券会社などで購入可
外貨定期預金	0.3〜1.8 (米ドル)	都市銀行、地方銀行などで取り扱い。1カ月〜1年など、期間や預金額によって金利が異なる
外貨MMF	0.968(米ドル) 1.10(豪ドル)	銀行、証券会社などで取り扱い
FX(各国政策金利)	1.75(米ドル) 1.50(豪ドル)	証券会社、FX会社などで取り扱い
投資信託	40.46	証券会社で取り扱い。金利は三井住友・げんきシニアライフの分配金利回り(税引前、2017年4月1日〜2018年3月31日の年間分配金)
株式投資(配当利回り)	7.69	証券会社で取り扱い。プロスペクト(東23528)の会社予想配当利回り。2018年3月末現在、Yahoo! ファイナンス上でトップ

各金融商品の金利や利回り比較。銀行の定期預金金利は1年ものの数字。かつては8%近くあった銀行の定期預金金利も、現在では0.01%と、ほぼゼロ金利状態。10年もの国債も金利は0.02%程度。将来に備えて財産を増やすには厳しい金利だ。

ミドルリスク・ミドルリターンと言われる不動産投資も、一部では人気です。利回りは物件によりますが、4~8%あります。

ただし、不動産は購入した時点で、ほぼ将来の採算計画が決まっています。利回りが確定しており、それ以上の儲けはありません。流動性がないのもデメリットです。うまくいかなくなったからといって、簡単に手放せるものではありません。

つまり、これらの金融商品では、稼いだ給与を簡単に増やすことは難しい。一般的なサラリーマンでは、生涯賃金も決まっています。家族を抱えて、億の資産を築くことは無理でしょう。しかし、それを可能にするのが、株式投資だと私は思っています。

日本株の利回りは約8%、バブルの預金金利に匹敵!

今、日本株のPERは約13倍です。PERとは、1株当たり利益に対し、株価が何倍まで買われているかを表した指標です。例えば、1株利益が10円のとき株価が200円ならPERは20倍、株価が150円なら15倍、株価が100円なら10倍です。つまり、PERが低いほうが割安ということが言えます。

少しわかりづらいかもしれませんので、このPERを利回りに置き換えてみます。1をPERで割ればよいのです。日本株のPERは13倍ですので、1÷13=約7・7%です。実に8%

■イールドスプレッドで有利な商品がわかる

株式益利回り

株価に対して1株当たり当期純利益がどのくらいかを示す指標。「益回り」とも呼ばれる。

株式益利回り(%) = (1株当たり純利益 ÷ 株価)×100

これはPERの逆数にもなっているので、以下の式でも求められる。

株式益利回り(%) = 1÷ PER ×100

イールドスプレッド

債券と株式を比較してどちらが割安かを示した指標。イールドスプレッドの値が小さい(または、株式益利回りが高い)ほど株式は割安。また、債券同士の利回りの差を示すこともある。例えば社債の利回りを、同じ期間で安全性の高い国債の利回りと比較することで、信用リスクと利回りの大きさが比較できる。

イールドスプレッド = 10年物長期国債の利回り − 株式益利回り

米国 ➡ 3 − 5= −2%
日本 ➡ 0 − 8= −8%

日本株のほうが割安

近い利回りで、バブルの頃の定期預金金利に匹敵する値です。もちろん、利益のすべてを投資家がもらえるわけではありません。一部は配当金に、残りは運営資金にまわるでしょう。ただし、投資対象として割安なことは直感できると思います。

また、米国株も経済が好調な分、魅力的にも思えます。ただし、その分割安感がなくなっています。米国株のPERは20倍なので、利回りにすると5%程度です。日本株のほうが割安です。

もう一つ、金融商品の利回りの差を比較する上での指標として、イールドスプレッドというのがあります。これで米国株と日本株を比較すると、次のようになります。

米国10年国債3%、米国株5%で金利差は2%。日本10年国債ほぼ0%、日本株8%で金利差は8%。つまり、日本株のほうが有利、ということになります。もちろん、今後国債の利回りが日本株の利回りより高くなったら要注意です。日本のバブル期、10年国債は8%、PERは50倍で利回りは2%でした。どう見ても国債のほうが有利なのに、それでも当時はまだまだ株価は上がると誰もが信じて疑わなかったわけです。

今の日本株はバブルではない

今の日本株は、すでにバブルだと言う人がいます。本当にそうでしょうか?

1990年のバブルと今と何が違うのか、少し比較してみます。バブル期の日本経済はもちろん絶好調でした。今はまだまだ道半ばです。バブル期の日経平均は4万円、今は2万2000円ほど。当時の日本株PERは50倍(利回りは2%)、今は13倍(利回りは8%弱)。配当利回りは1%以下でしたが、今は2%近い。超インフレでしたが、今はまだデフレ脱却もままならない。バブル期の国債・定期預金の金利は8%で、今はほとんどゼロ。これらを比較してみても、バブルとは違います。当時は不動産バブルという一面もありました。まだまだ、日本株は上昇の余地を残しているといえるでしょう。

特に注意したいのが、投資資金の流れです。今、国債の金利がほとんどゼロということは異常なことなのですが、それなのに実はまだ国債を買う人がいます。それは、逆にいうと債券バ

■PERで見る米国ダウ平均の推移

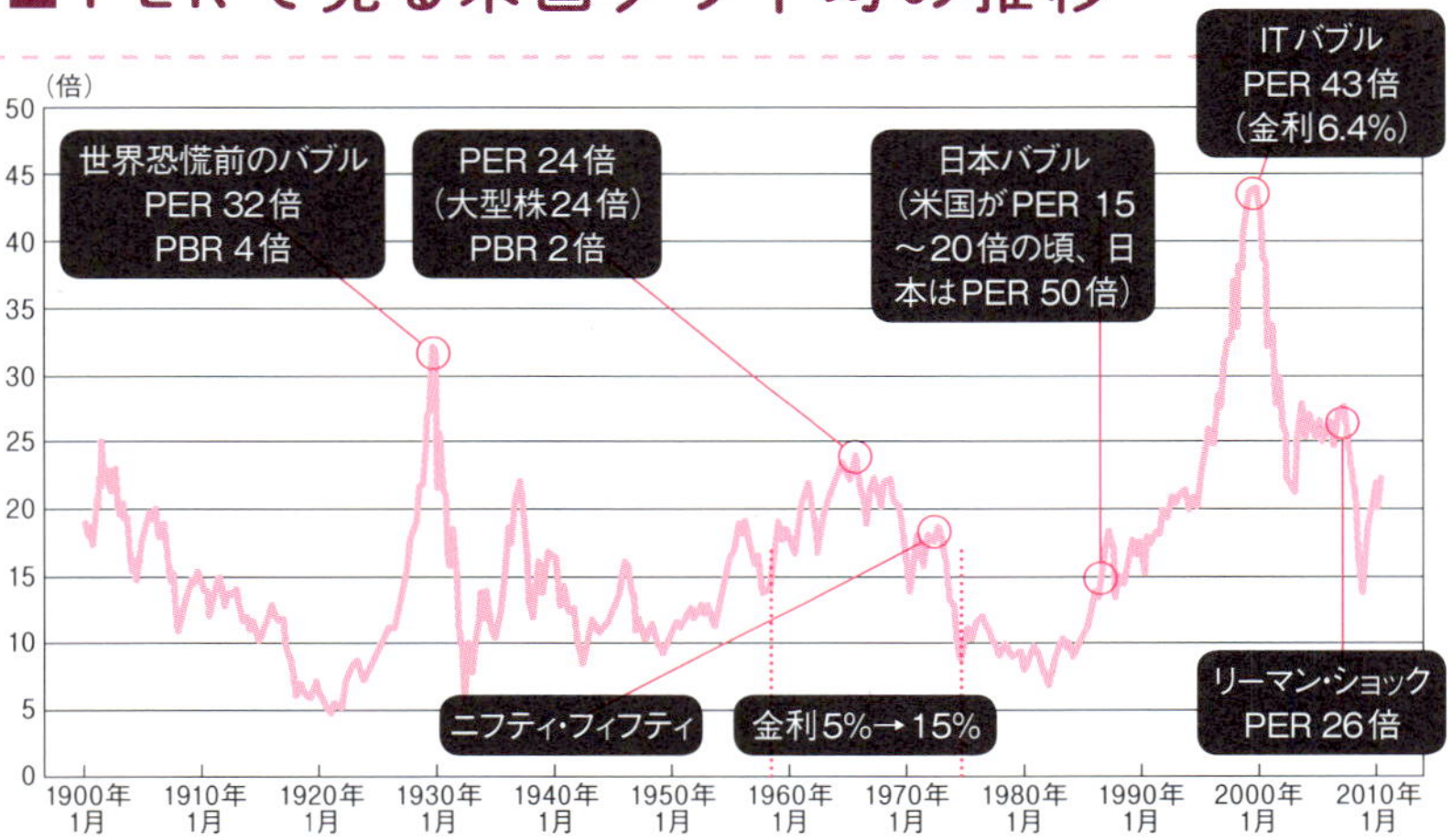
(倍)
50
45
40
35
30
25
20
15
10
5
0
世界恐慌前のバブル PER 32倍 PBR 4倍
PER 24倍 (大型株24倍) PBR 2倍
日本バブル (米国がPER 15〜20倍の頃、日本はPER 50倍)
ITバブル PER 43倍 (金利6.4%)
ニフティ・フィフティ
金利5%→15%
リーマン・ショック PER 26倍
1900年1月
1910年1月
1920年1月
1930年1月
1940年1月
1950年1月
1960年1月
1970年1月
1980年1月
1990年1月
2000年1月
2010年1月

1990年のバブル期に、日経平均は4万円（現在は2万2000円ほど）。当時の日本株PERは50倍（利回りは2%）、今は13倍（利回りは8%弱）。海外でも過去のPERは高く、リーマン・ショックのときでも26倍となっている。

ブルであることを意味します。今後は、それが崩壊し債券投資から株式投資へという資金の流れの大転換となるグレートローテーションが起こると見ています。そうなると株式市場はますます活気を帯びてくるでしょう。

株式市場にはリーマン・ショックほどではないにしても、チャンスはいっぱいあるのです。いかに、そのチャンスを逃がさないようにするか。それは、今そこにあるチャンスをつかむ努力と経験を積むことです。

投資初心者の中には、株式投資を始めたけれど、少し損したからといって、すぐにやめてしまう人もいます。何事も始めからうまくいく人は誰もいません。投資の世界も同じです。人生、山あり谷ありです。継続は力なり。続けていれば、いつかチャンスをつかめるようになります。

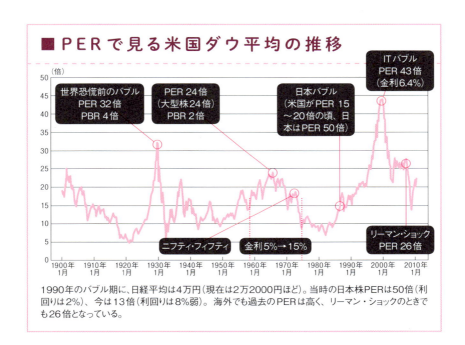

ファンダメンタルズ重視の中長期グロース投資

リターン大は「小型成長株」投資

投資手法は、「期間」と「手法」の2つの側面から決めていくことが必要です。有名な投資方法としては左図のようなものがあります。

これらの投資手法は、投資家によっても好き嫌いや向き不向きがあります。また、一つの手法だけで投資する場合やいくつかを組み合わせて投資する方法があります。自分に合った投資手法を見つけることも大事だと思います。

私の投資手法は、ファンダメンタルズを重視した中長期グロース投資です。グロースは小型成長株ということです。私が本格的に株式投資を始めたのは、定年退職してからですが、学生の頃から株式投資の研究はしていました。その結果、私が導き出した答えは、長期的に見てもリターンが大きいのは、「小型成長株」です。

小型株は、値動きが軽く、好材料が出れば株価は2倍、3倍へと急騰することもあります。

■さまざまな投資手法

期間	●デイトレード	1日のうちに何度も売買を繰り返す。
	●スイングトレード	数週間単位で売買を繰り返す。
	●中長期トレード	3年程度のサイクルで投資銘柄を入れ替える。
	●イベント投資	株主優待や重要経済指標発表に合わせて投資する。
手法	●バリュー投資	PERやPBRで割安な株を見つけて投資する。
	●グロース投資	IT企業など将来性の高い株に投資する。
	●ファンダメンタルズ投資	企業の業績を重視して成長している銘柄に投資する。
	●テクニカル投資	チャートの値動きだけで判断する投資手法。企業業績は関係ない。

もちろん、その分リスクはあります。しっかりとしたリスク管理は必要です。

銘柄選びで重視するのは、「PEG《ペグ》レシオ」

私が銘柄選びで重視しているのは、業績の成長性が高いこと。これは、売上高の変化率で見ることができます。具体的な計算式は１３０ページの図を参照してください。次にＰＥＲが低いこと。いわゆる割安株です。

この売上高変化率（利益成長率）とＰＥＲの関係を表した指標が「ＰＥＧレシオ」です。つまり、成長率を考慮した上で株価が割安かどうかを判断できる指標なのです。一般的には、「ＰＥＲ÷利益成長率」で求めます。１倍以下なら割安、２倍以上なら割高とされていますが、私

■PEGレシオ1倍以下での買いの判断

STEP 1 **売上高変化率を見る**

（計算式）（来期の売上高予想 － 今期の売上高予想）÷ 今期の売上高予想 × 100

15%以上でスクリーニング

STEP 2 **PEGレシオを重視**

（計算式）来期予想PER ÷ 売上高変化率

1.5倍以下（できれば1倍以下）で買い！

業績の成長性は売上高の変化率で見ることができる。この売上高変化率（利益成長率）とPERの関係を表した指標が「PEGレシオ」。つまり、成長率を考慮した上で株価が割安かどうかを判断できる指標。売上高変化率15%以上でスクリーニング、PEGレシオ1.5倍（できれば1倍）以下で買い。

はできれば1倍以下に注目します。

なぜ、ＰＥＧレシオに着目するかというと、小型成長株で割安な銘柄を探すためです。

一般的に割安かどうかの判断はＰＥＲが使われますが、実は業種や銘柄のタイプによって、何倍の水準がよいのかは一概に言えません。平均的なＰＥＲは14倍といわれ、それよりも低いと割安と判断されます。しかし、私が狙っている小型成長株のＰＥＲは20倍、30倍のものもたくさんあります。一般的なＰＥＲの水準だけでは、判断できないのです。

例えば、売上が60%伸びているのに、ＰＥＲが30倍なら、ＰＥＧレシオは30÷60で0・5倍。1倍以下なので割安だと判断します。売上が30%伸び、ＰＥＲが30倍でもＰＥＧレシオは1倍なので、割安だと判断します。

『会社四季報』や決算書を見て、まず売上高がどれだけ伸びたかを計算し、PERを確認しながら計算していきます。残念ながら、今のところ、このPEGレシオを一発でスクリーニングできるツールはありません。しかし、それだけにあまり使われていない隠れた手法ということもできます。みんながこれを使って買い始めたら、割安にはなりません。投資の基本は、いかに、ほかの投資家よりも早く目をつけるかということも大切なのです。ちなみに私は、130ページの計算式のように、売上高変化率15％以上でスクリーニングをかけ、さらにPEGレシオ1・5倍（できれば1倍）以下を買いの基準にしています。

ファンダメンタルズの面で注意していることは、ほかにもあります。小型株、つまり時価総額が小さいこと。小型株は株数が少ないので、株が急騰しやすいのです。

それから、財務体質です。つまり、自己資本比率が高い、有利子負債が少ない、配当利回りが高い。これらの条件がそろっていると、M&A、研究開発、配当の増配がしやすく、ニュースが出ると好材料として株価が上がるのです。

最後に、オーナー社長でやる気や才能に溢れているか。当然社長になるくらいの人なら才能もあるのですが、株主総会や企業説明会で社長が話しているところを見て判断するようにしています。やはり会社の成長はトップにかかっていますので、とても重要なポイントだと思います。ただし、株主総会では、よい面しか言わないので、ファンダメンタルズの判断が鈍ることもあるので注意が必要です。

株価が急騰するような投資家の注目を引く材料

株式投資は「美人投票」だと言われます。これは経済学者ケインズが言った言葉で、かつてロンドンで、自分が美人だと思う人を投票するのではなく、みんなが美人だと思う人を投票する、美人投票がありました。そうなると投票者は裏の裏を読み始め、意外な人が票を集める場合があるというのです。株式市場でも同じことが起きていて、必ずしも「美人＝業績がよい」だけでは選ばれず、その期待値で値上がることがあります。

株式投資では、何が投資家にとって魅力的に映るかといえば、まず上方修正、増配、株式分割、東証1部上場です。これらは、業績次第なので、ファンダメンタルズを分析することで予想を立てることができます。実は、上方修正などは、よくやる会社とほとんどしない会社があって、そういうのも過去の実績を見るとわかってくるのです。

次に、画期的な新製品・新サービスの開発、他社との業務提携、M&Aなどです。これらも、過去のその会社の実績や社長の戦略をよく見ておくことです。この会社はM&Aを積極的にやる会社かそうでないかなど。これらは社長の戦略性にかかっています。

これらのニュースは、出た途端にトレンドが一変して、株価が急騰することがあります。しかし、ニュースが出てからでは遅い。ニュースが出る前に買っておく必要があります。

銘柄発掘は『四季報』が基本、その他ネットワークで情報収集

銘柄発掘の基本ツールは『会社四季報』です。私は『四季報オンライン』を活用しています。情報が日々アップデートされますし、スクリーニング機能が充実しています。売上の伸び、成長率でもスクリーニングすることができます。まず、成長率20%とか30%とかでスクリーニングして、100銘柄程度ピックアップされたら、それを一つひとつPERと見比べてPEGレシオを比較していきます。それから、株主総会、会社説明会、IRフェアなど、会社イベントには極力参加します。

そして、最も有益なのが投資仲間との情報交換会です。それぞれ、投資に対する考え方も投資手法も異なり、みんな独自の視点で銘柄を分析しています。私が気がつかなかった銘柄を教えてもらうこともあって、これがやはり役に立ちます。

仲間のおかげで、投資手法や銘柄選択に対して、さらに知識が広がりました。自分一人だと銘柄選びにも限界があります。間違った方向に向かっているのも防げます。そうやって、成功や失敗を分かち合っています。

東京なら投資家のオフ会「縁の集まり」(115ページ参照)とか、大阪、名古屋、沼津なども同様の投資家のオフ会があり、都合があえば極力参加するようにしています。

市場が暴落しても動揺しない業績重視の株式投資

売り時のタイミング

初心者が苦労するのは、〝買う〟タイミングよりも〝売る〟タイミングではないでしょうか。買うのはわりと簡単ですが、いざ売るタイミングとなると、上がっていてもまだ上がるんじゃないか、下がっていても損して売るのはいやだと、なかなか手仕舞うことができません。確かに株式投資は手仕舞わない限り、基本的には儲けも損も確定はしません。

私の投資手法は、中長期投資なので、数年は保有するつもりです。この場合も、例えば3年持ち続けた銘柄を売ってしまうのは、躊躇してしまいがちです。また、いくら中長期投資とはいえ、短期的にトレンドが悪くなった場合は、いつまでも持っていてもプラスになる確率は低くなりますので、やはりいったん手仕舞うことが大切です。

私の〝売る〟タイミングについては、〝買う〟タイミングと一緒の理由です。例えば、ＰＥＧレシオで割安だと判断して買った後、予想通りに株価が急騰してしまった場合、ＰＥＧレシ

■売買のタイミング

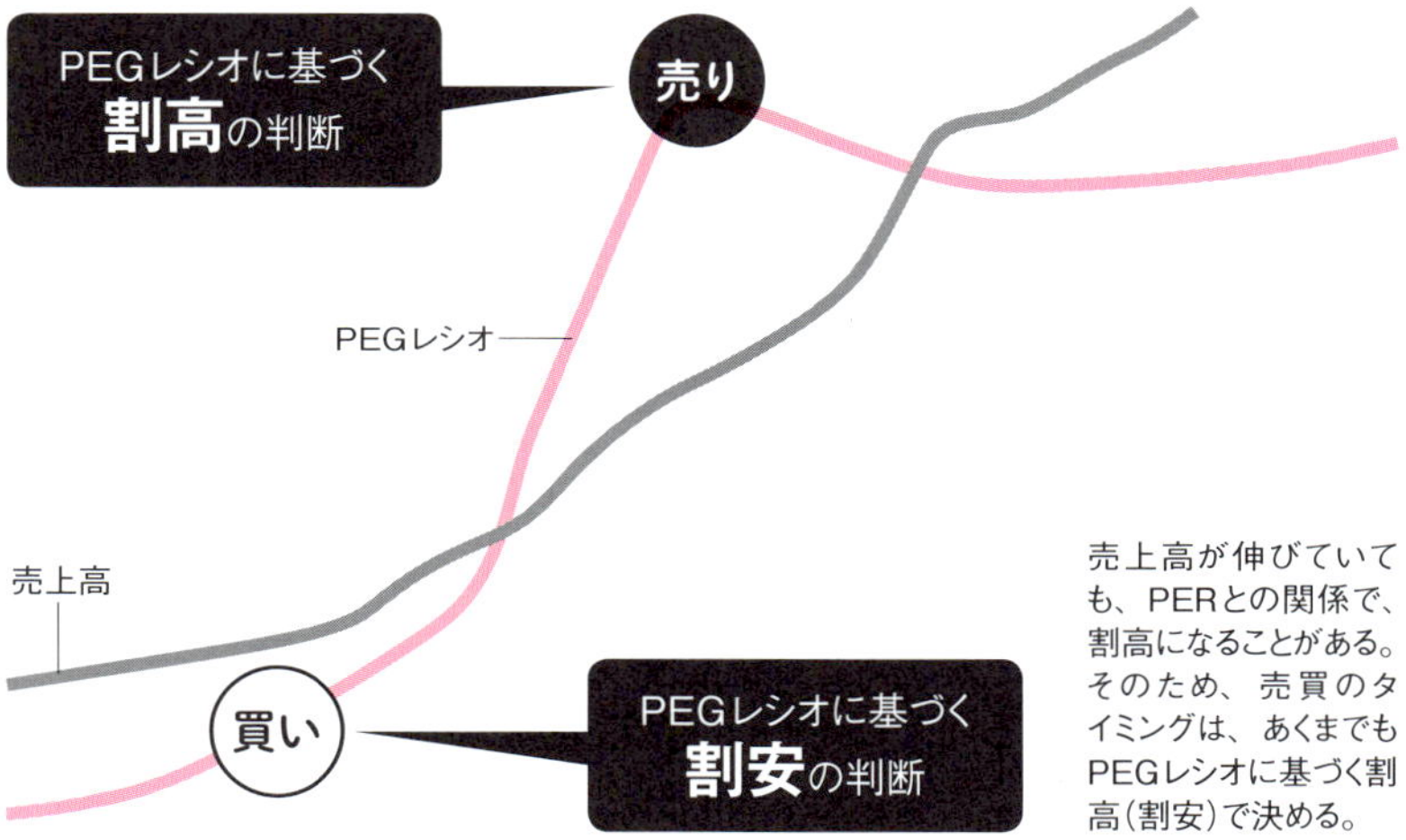

売上高が伸びていても、PERとの関係で、割高になることがある。そのため、売買のタイミングは、あくまでもPEGレシオに基づく割高(割安)で決める。

オは割高になってしまいます。その場合、その時点で買う理由は逆にありませんので、売ってしまいます。その後、さらに業績が上がり株価が落ち着いてくれば、また割安になってきますので、またそこで買えばよいのです。

また、予想通りに業績が上がらない場合があります。このときも、すぐに売ってしまいます。買う理由は割安なことに加えて、今後も業績が伸びると期待して買っているわけですから、業績が伸びないなら、株価上昇の期待もないというわけです。

株式投資に失敗する人は、損切りのルールを持っていないからだといいます。下落トレンドにある株を持っていても意味はありません。いくらで買ったかは意味がなく、これから上がるかどうかを見極めるのが株式投資です。

よく、何%下がったら、損切りするとルールを決めている投資家もいますが、私は値動きでの損切りルールは決めていません。いくらで買って、いくら上がったか、いくら下がったかも関係ない。今から、株が上がるかどうか。ただそれだけです。それを見極めるのは、業績が好調かどうか、割安かどうかです。それは自己判断のみです。株価は、業績に関係なく上下します。ニューヨーク市場が暴落すれば、日本市場も暴落します。その影響を受けて、買ったときより下落していても、PEGレシオで割安と判断すれば、そのまま持ち続けます。これが、ファンダメンタルズ投資の基本です。日々の値動きに左右されないことが大切です。

それでも、市場が暴落すると、初心者は取り乱してしまうでしょう。そんなときにいかに冷静に判断できるか。そのためのファンダメンタルズ投資でもあるのです。つまり、全体相場が下落していればその影響で、保有銘柄も当然下落すると思いますが、保有銘柄の業績には影響がないと信じて我慢できるかです。全体相場下落の影響で、保有銘柄が下落しても、業績が確かなら、株価は必ず戻ってきます。そこを見失わないようにしたいものです。

集中投資か分散投資か

これもよくあるテーマです。「卵は一つのカゴに盛るな」と言います。つまり、そのカゴを落としたらすべての卵が割れてしまう。いくつかのカゴに分けて盛れ、というリスク分散をし

■集中投資と分散投資

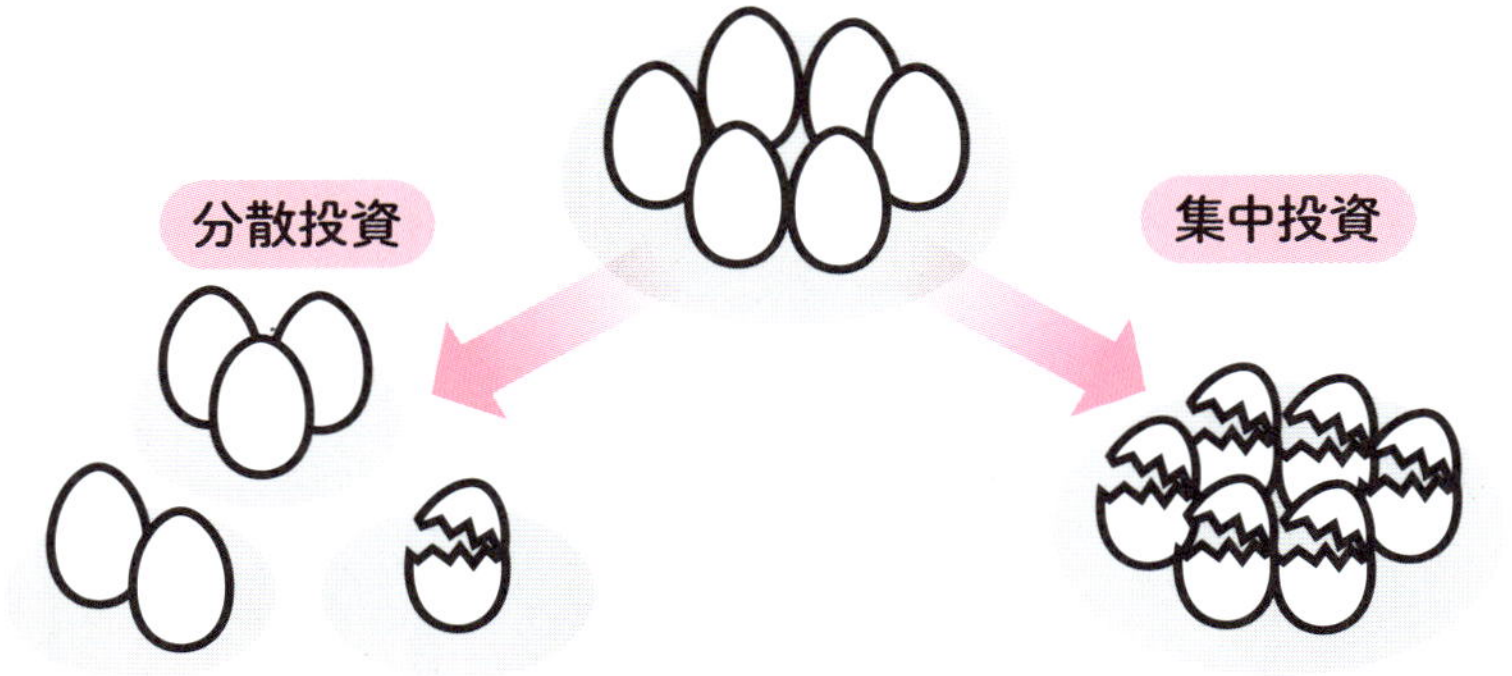

リスクを避けるため、一般的には分散投資がよいとされるが、確実な情報で自信のある銘柄だったら、集中投資もあり。ある程度リスクをとらないと、月10万円稼ぐのはなかなか難しい。

ろということです。

集中投資のメリットは当たったら大儲けできることです。ただし、外れたら悲惨な結果になります。ただ、私は業績も確かで自信のある銘柄だったら、集中投資もありだと考えます。

現在の私の保有銘柄は60銘柄ほどです。保有銘柄数からいうと分散投資です。ただ、投資金額の割合でいうと、時にいくつかの銘柄に集中しているときもあります。

初心者が200万〜300万円で始める場合は3銘柄、1000万円ある場合は5銘柄ぐらいがよいかと思います。3〜5銘柄くらいの場合は、分散というより集中投資といえるでしょう。ある程度リスクをとらないと、後述する月に10万円稼ぐことはできません。もちろん、しっかりとしたファンダメンタルズの分析をした上での話になります。

ファンダメンタルズ投資でも月10万円稼げるシミュレーション

リスクは若いうちにとれ

月に10万円稼ぐには、〝どれだけのリスクがとれるか〟によって、元手の設定や投資手法が変わってくるでしょう。

株式投資でいうリスクとは、プラスもマイナスも含んだ、変化の幅のことをいいます。リスクが大きいというのは、大きく儲けることができるかもしれないが、大きく損をすることもあるということです。リスクが小さいとは、儲けは少ないかもしれないけど、損失も少ないということです。

リスクがどれだけとれるかは、人によって変わってくるでしょう。年齢や家族の有無などさまざまです。よく「株式投資は余剰資金で」と言います。損失があった場合、生活に支障があるようでは困ります。できれば、リスクを大きくとる場合は、若ければ若いほどいい。なぜなら、仮に失敗したとしても、いくらでもやり直せるからです。また働いてお金をためて、再チ

■レバレッジで3倍の資金での投資が可能になる

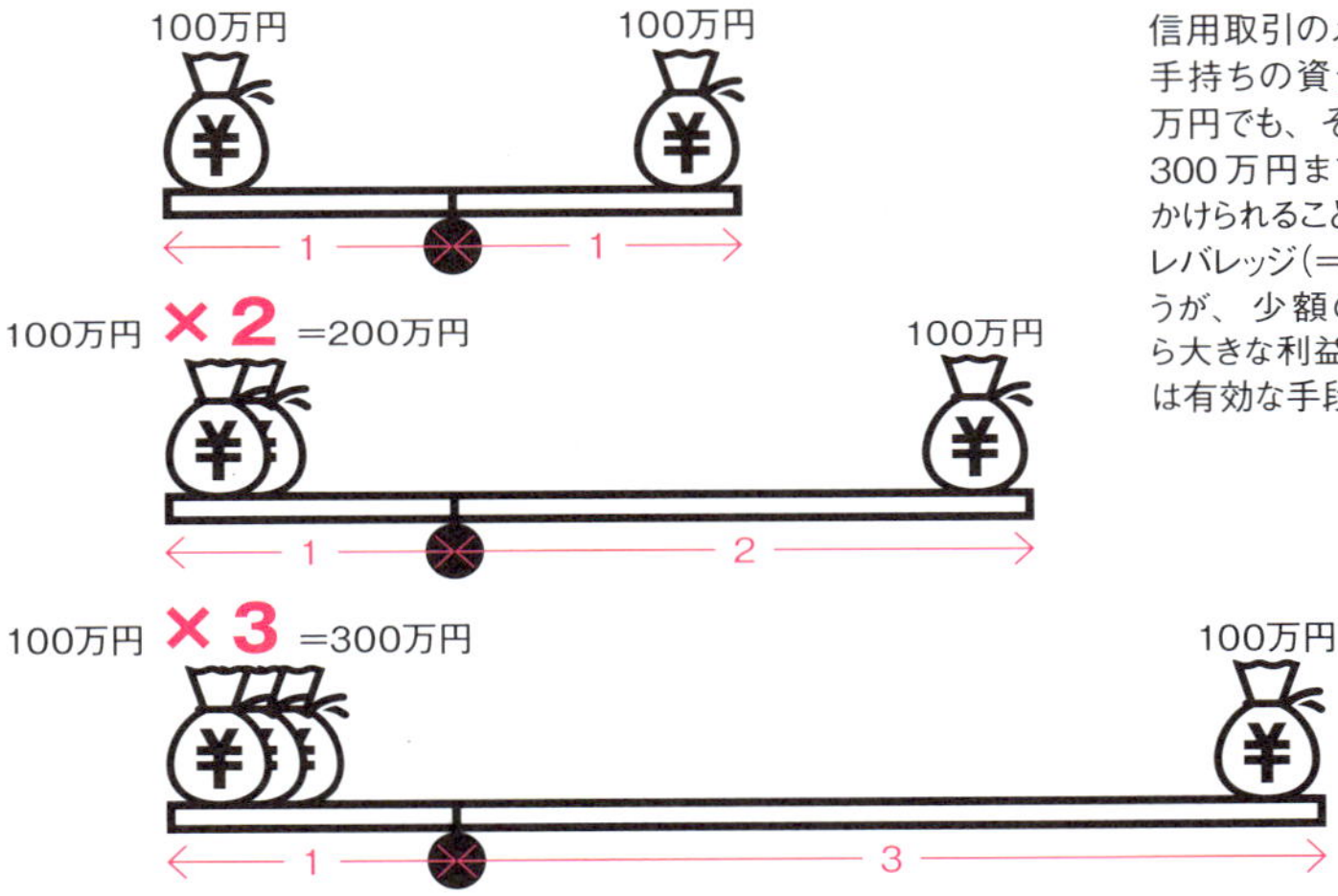

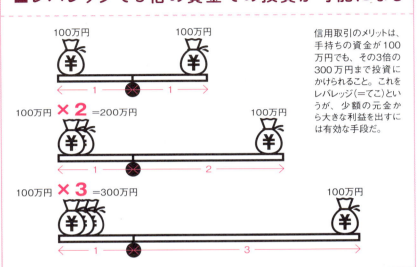

信用取引のメリットは、手持ちの資金が100万円でも、その3倍の300万円まで投資にかけられること。これをレバレッジ(=てこ)というが、少額の元金から大きな利益を出すには有効な手段だ。

ャレンジも可能です。

私が本格的に投資を始めたのは、年をとってからですので、矛盾しているように聞こえるかもしれません。ただし、私の場合は定年退職後です。つまり、子供は成人し、あとは老後をどう過ごすかという段階で、これもある意味でリスクはとりやすかったのです。

100万円を元手にレバレッジ2倍で投資

始めに投資する金額を100万円に設定した場合、月に10万円なら、10%の含み益を出す必要がありますが、これは難しいです。そこで、信用取引によって、倍の200万円を元手に展開するのがよいでしょう。これをレバレッジといいます。

ただし、信用取引でマイナスになると、追加で保証金を求められますので、口座には150万円ほど入れておくと安心です。

200万円なら、月に5%の上昇で10万円です。

また、信用取引は、預けた資金や保有銘柄を担保に3倍まで取引ができますので、300万円を元手にすることも可能です。そうなると月に3・3%の上昇で約10万円です。リターンを%換算で考えれば、200万円の5%より、300万円の3・3%のほうが低いので、勝ちやすくなります。ただし、その分リスクも増えることをしっかりと認識する必要があります。

例えば単純計算で仮に100万円をそのまま現物投資したとします。株価が、徐々に下がり始め大暴落が起き50万円になったとします。損失は50万円で50万円は残ります。これをレバレッジ3倍の300万円にした場合、損失は150万円で、元手100万円－150万円＝マイナス50万円。50万円の借金だけが残ります。このリスクを考えると、信用取引は2倍程度にとどめておいたほうが無難です。

投資銘柄は、2つから3つに集中投資

200万~300万円を元手にした場合、投資する銘柄数はどうしたらよいでしょうか？

まず、投資手法の基本は、ファンダメンタルズの中長期投資がお勧めですが、この場合3年

■投資銘柄は2つか3つに絞る

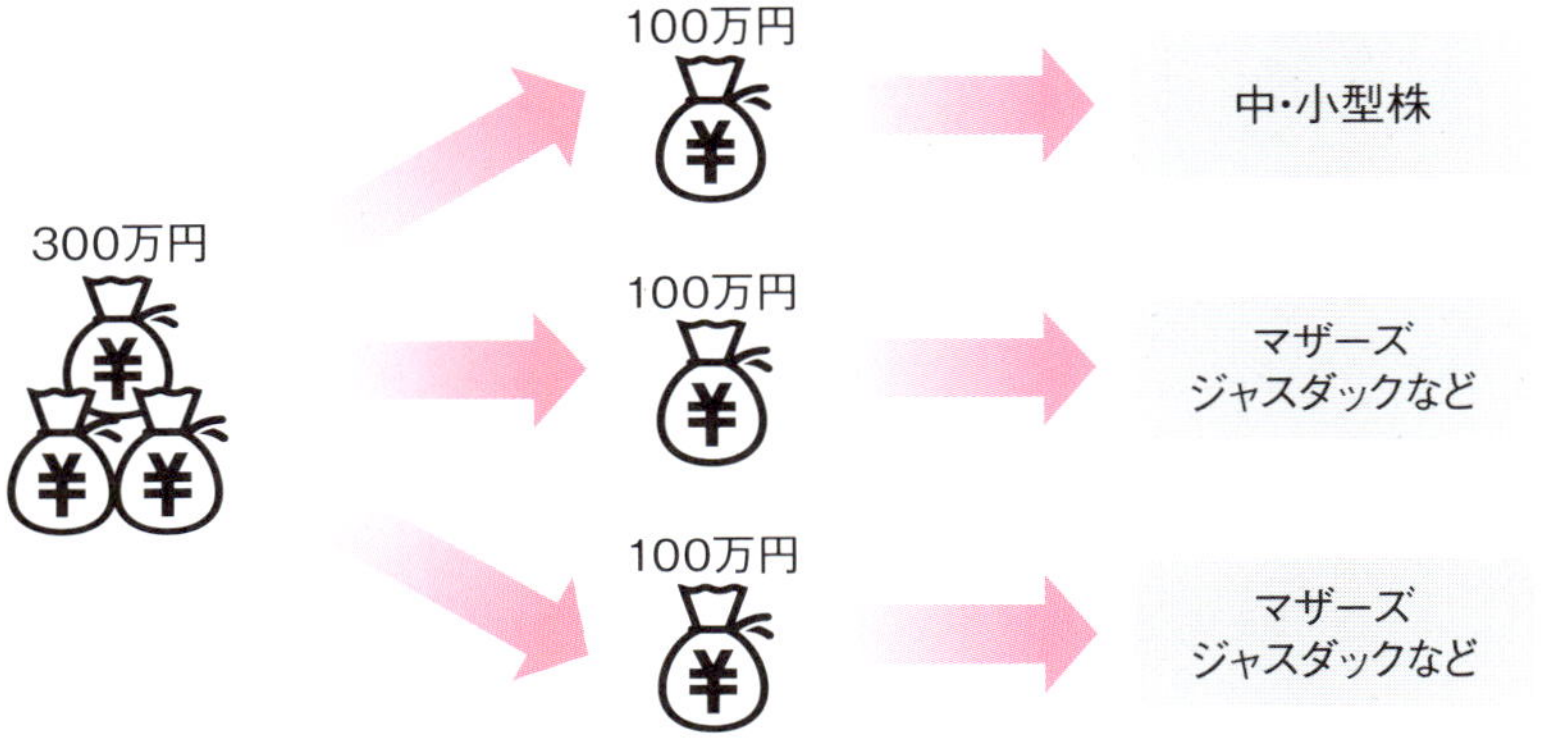

初心者が200万～300万円で投資を始める場合は3銘柄が適当。分散というよりは集中投資に近いが、ある程度リスクをとらないと、月に10万円稼ぐことは難しい。

後の成長を見越した投資です。月に10万円は無理だとしても、年間で結果的にそれに匹敵するパフォーマンスを狙う方法がよいでしょう。この場合は、投資銘柄は2つか3つに集中投資します。小型株、東証マザーズやジャスダックの中から選択するとよいでしょう。

また、ハイリスク・ハイリターンですが、分散投資をして、株価が年間で10倍になるテンバガーが見つけられれば、十分な成果が得られるでしょう。

また、意外な好材料が発表されて株価があっという間に3～5倍になるケースもあります。そういったサプライズは年に5回ぐらいあって、私もそれに乗っかることがあります。すべて、うまくいくとは限りませんが、これも大きなリターンが期待できるので、情報収集は怠らないようにしましょう。

市場のトレンドを読むのも大切。日経平均は3万円と予測

月にコンスタントに結果を出すのは、プロでもなかなか難しいことです。2018年の相場は、年始めから世界経済も日本経済も順調、相場には大きな期待感がありました。しかし、1月終わり、3月終わりと大暴落があり、相場は下落トレンドとなりました。

ほとんどの投資家が損失を余儀なくされたでしょう。このような相場では信用取引をしていると、リスクが高くなります。このような暴落は年に2回ほどあります。

ポイントはこの暴落局面をどう捉えるかですが、やはり、中長期の視点で捉えることです。

私は中長期的に見ても日本株はまだまだ成長すると思っています。中長期的には、日経平均株価も3万~4万円までいくと本気で思っています。

「日本は東京五輪まで」と言う人もいますが、私はそうは思いません。日本の地価は地方も上昇し始めています。訪日外国人の影響が大きいですが、東京五輪で訪れた外国人は、日本の「安全」「清潔」「おいしい」に感動し、さらに訪日ブームに火がつくでしょう。中には、単に旅行に来るだけではなく、留学したい、働きたい、事業を起こしたい、住みたいと思う人も増えるはずです。

人口減少を日本経済成長の阻害要因と見る傾向もありますが、マーケットはグローバル化し

ているし、生産性が上がれば何の問題もありません。同様に出生率が低いシンガポールや香港などは長年活況を呈しています。

中長期の視点で、日々の値動きに惑わされることなく、年間のパフォーマンスを高めることを意識してください。そうすれば、月に10万円、年間120万円も見えてくるでしょう。

ギャンブルと投機と投資

当たり前ですが、損しないためには、ギャンブルや投機には手を出さないことです。ギャンブルがだめなのはわかりやすいと思います。競馬、パチンコ、そして宝くじもそうです。かつて、私はうまくやったら勝てるんじゃないかと、ギャンブルにのめり込んだこともあります。でも、やはりだめでした。勝つ確率が低く、長期的には負ける確率が高い。運任せです。

株式投資と似て非なるものが投機の世界です。例えば、FX、穀物・原油・金属などの先物商品取引、そして最近話題の仮想通貨。これらは、投機です。予測は困難ですし、勝敗の確率は半々です。株式投資でも、1日のうちに何回も売買を繰り返すデイトレードは、投機に近いでしょう。株式投資も、売買の期間が短ければ短いほど、上がるか下がるかは半々だと言います。

その点、ファンダメンタルズによる中長期投資は、割安割高の判断で利回りも計算できます。投資の基本は、数年後の期待利回りなんです。その結果、売買益が生まれるのです。

お勧め有望セクターと銘柄選びの方法

株価10倍銘柄には業界傾向がある

株価が10倍になる「テンバガー」銘柄は、過去どんなセクターの銘柄が多いかというと「情報・通信・IT・ネット」「サービス業」「不動産」が多いことがわかります。今後も有望なセクターです。その観点から、私なりに有望だと思う銘柄をピックアップしてみました。

【情報・通信・IT・ネット】

●**エスケーエレクトロニクス**（6677　RFID商品タグ、液晶）RFID商品タグは、非接触系の電子タグで、商品などにつけると流通が一元管理できるトレーサビリティに役立ちます。今後、あらゆる分野での普及が期待されています。

●**ネクストジェン**（3842　5G通信）次世代通信網の先進技術の会社です。

●**アイティフォー**（4743　働き方改革・事務効率化）時代のキーワードでもある「働き方改革」の中では、一番の有望銘柄だと思います。

●**インフォテリア**（3853　フィンテック）フィンテックも今後の先端テクノロジーです。フィンテック関連の寄与による長期の業績成長に期待できます。

【サービス業】

●**北の達人コーポレーション**（2930　化粧品、健康食品、インバウンド）テンバガー銘柄の一つ。予想PERは100倍を超えているが、まだ成長の余地がありと見ます。

【不動産】

●**レーサム**（8890　富裕層向け収益不動産の販売）富裕層向けの相続対策として、収益不動産を販売。相続税は増税の方向にあり、期待。

●**シノケングループ**（8909　サラリーマン大家向けにアパート販売）サラリーマン大家さんを目指す人には、アパートは根強い投資商品です。

【その他】

●**ジャパンインベストメントアドバイザー**（7172　航空機リース）私が今、最も期待している銘柄。世界的に見ても航空機は不足。業績もよく、株が暴落のときも影響はなかった。

●**宮越ホールディングス**（6620　中国深圳《シンセン》中心部に膨大な土地保有・開発）この銘柄も大化けを期待している銘柄の一つです。ハイリスク・ハイリターンですが、深圳当局の開発許可を待っている状態で、そのIRが出れば、株価は急騰するはず。もう3年くらい待っていますが……。

COLUMN

やってはいけない株式投資の「禁じ手」

投資は余裕資金で。損切りラインを決めてリスクを最小限に

投資は「お小遣い」で行うのが原則

本書では1カ月に10万円、もしくは年間120万円を確実に稼ぐことを目標にしていますが、そのために手持ちの全財産を注ぎ込んで大損をしたのでは、本末転倒です。

特に初心者の場合、株式投資の基本は「分散投資」と言われています。一つの株に投資して、その株が暴落してしまったら、大損をしてしまうからです。

しかし本書では、月10万円という目的を達成することを前提に、各講師が投資のノウハウを提供していますので、時には銘柄を絞って集中投資することもお勧めしています。その際、株式投資に「絶対」はありませんから、投資した金額の大半が暴落で一気に失われることもあります。東京電力（9501）や東芝（6502）のように、安心だと思っていた会社の株価が、災害や不祥事で暴落してしまったのも、その一例です。そこに投資したお金に生活資金まで入っていたら大変なことですが、生活資金は別に確保した上で、いわゆる「お小遣い」で投資している分には、仮に損をしても、路頭に迷う心配はありません。

したがって、集中投資で勝負に出る場合も、

生活に必要な資金は別にした上で、余剰資金で投資を行うことが鉄則となります。信用取引などを行う場合は、なおさらです。

その際に、本書では銘柄選びのポイントとして、将来値上がりの見込める銘柄の選び方を推奨していますが、一方で買ってはいけない銘柄を選別する方法も解説していますので、ぜひ参考にしてください。

「捕らぬ狸の皮算用」で大損しないように

もう一つ、初心者が犯しやすいミスが、「売り時」を間違えるということです。

かつて、日本通信（９４２４）の株式が、２０１４年に急騰して１１８２円になった際、同社の株式を平均取得価格64円で24万株保有していたある投資家の評価益額が２億６８００万円となり、その画像を映し出した画面がブログなどで公開されて、話題になったことがあります。

しかし、日本通信株はその後下落に転じ、２０１８年４月時点では、株価は１００円近辺になっています。MVNO（仮想移動体通信事業者）の先駆けとして話題になり、株価が値上がりした際には掲示板などがお祭り騒ぎでした。そして、下落を始めたときには、多くの同社株保有者が「まだまだ反転する」と信じて株を売らずに保有し続け、その後、掲示板は阿鼻叫喚の様相に変わりました。

こういうとき、やはり大事なのは、「損切り」のラインを決めておくことです。例えば、新規事業で独走を続けている会社に強力な競合が現れ、株価の上昇に歯止めがかかった場合などは、その会社の株式を売るタイミングを考えておきましょう。多少、思い描いていた利益より少なくなったとしても、含み益を出しているうちに売ることができれば上々です。もし損失を出した場合も、「この程度の損失までなら許容できる」というところで切っておけば、最低限の損で抑えることができます。最悪なのは、例えば800円で買った株が1100円まで上がったことが嬉しくて、その後値下がりしてもなかなか売りに出せず、ズルズルと100円になるまで持ち続けてしまうことです。1000円、900円の時点で売っても十分利益は出せたわけですから、そこは欲張らずに、常に売るタイミングを考えておくことが大切です。

株式投資では、含み益はまだ「捕らぬ狸の皮算用」の状態です。売って（空売りの場合は買って）、利益を確定して初めて自分のお金になるわけですから、その段階までは気を抜かないようにしましょう。また、自分でせっかく選んだ銘柄は、愛着がわいてきてなかなか売りにくいこともあるでしょう。しかし、そこは割り切って「損切り」を決断することが、損をしないための鉄則なのです。

第5章

5限目

バリューとグロースを組み合わせたポートフォリオ投資

講師◉インヴェスドクター先生

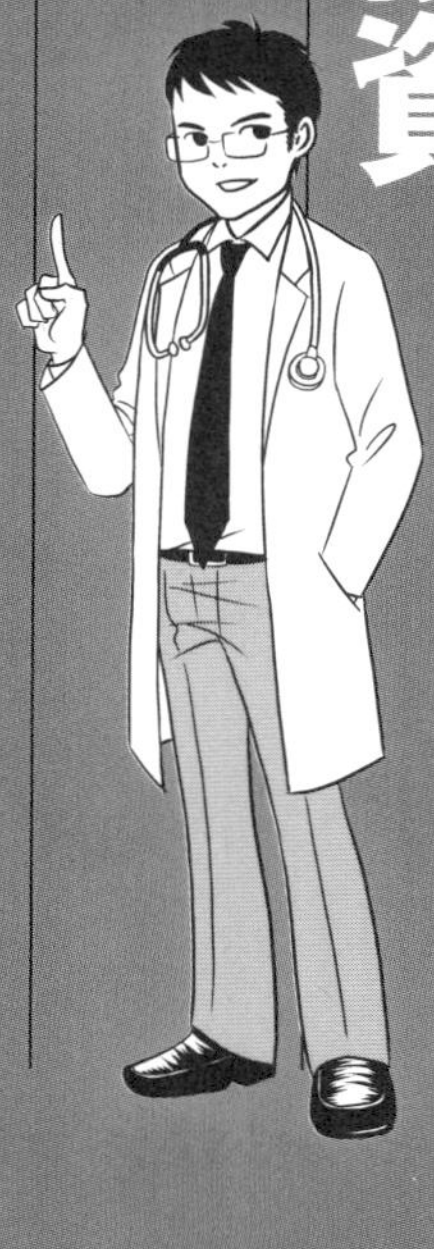

5限目のポイント

マイナスからの投資スタートでも、資産を4億円にした投資法を応用

私は医師免許を取得して2年半が経過した頃、リーマン・ショックで相場が大荒れしている2008年秋に株式投資を始めました。当時の先輩医師の1人が株式に造詣が深く、彼を見習って1～2週間くらいのスイングトレードを主体に、テクニカルの観点から勉強を始めました。そのため、実は財務諸表がちゃんと読めるようになったのは株式投資を始めてから1年以上後の話です。

600万円の元本で投資を開始したものの、医学部の奨学金

月10万円稼ぐPOINT

元金　800万円から

手法　初期投資の金額は高いが、理由もなく相場が下げているときにグロース株とバリュー株を半々で買うだけの確度の高い投資法。ファンドマネジャーに預けるという裏技も紹介。

という借金がそれ以上にありましたので、純資産ベースでマイナスからのスタートでした。しかし、投資を始めたのがリーマン・ショック直後ということもあって、幸運なことに、投資を始めて10年目にあたる現在の運用資産はおおよそ元本の24倍の約4億円になりました。

現在の資産の大部分がスイングトレードで得たものですが、結婚を機に、スイングトレードは基本的に封印しています。

そこで、ここでも基本的には、私の現在の投資スタイルの基本である「バリュー株とグロース株の二刀流」投資についてお話ししたいと思います。

インヴェストドクター

兼業投資家。日本株で5億を目指す30代勤務医。2008年に600万円から株式投資を始め、現在約4億円を運用中。高配当利回り・低PBR銘柄が好みだが、バリュー株とグロース株が共存したポートフォリオ形成を心掛けている。
Twitter：@Invesdoctor

バリュー株とグロース株の二刀流が投資の柱

スイングトレードを封印

私の現在の資産の大部分は、短期で売買を繰り返すスイングトレードで得たもので、アーネストワン（2013年上場廃止）、アプリックス（3727）、東京電力ホールディングス（9501）などがかなり寄与しました。

これまでの売買の失敗で一番大きかったのは、「自分は医師免許を持っているのでバイオ株に強いだろう」という過信です。当初、製薬会社などの医療と関連の強い銘柄（オリンパス［7733］など）でスイングトレードをしており、そのたびに損失を出していました。

その結果、600万円あった元手が一瞬で400万～500万円になってしまいました。病院で実際に使っているものが患者にとってよいかどうかという点は、マーケットの世界ではまったく関係ないことだと思い知らされました。それ以来、基本的にはバイオ株など医療にかかわる銘柄はさわらないようにしています。

■バリュー株とグロース株の二刀流で相互補完

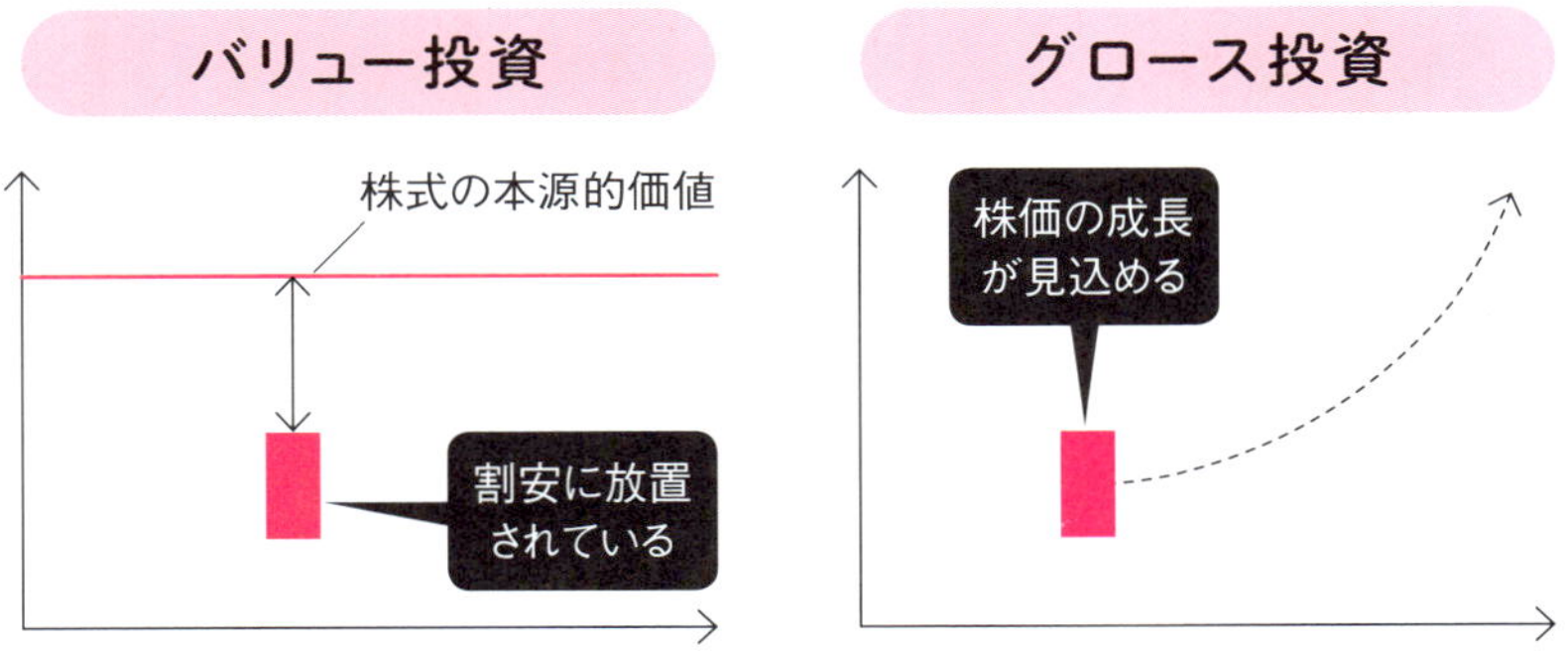
バリュー投資
株式の本源的価値
割安に放置されている
グロース投資
株価の成長が見込める

バリュー株は、いわゆる割安株といわれ、株式の本来の価値よりも割安に放置されている銘柄。また、グロース株は、今後成長の見込める銘柄。
バリュー株とグロース株、それぞれにデメリットもある。バリュー株のみでは資産が増えにくく、グロース株のみでは相場の下落に耐えられない。そこで、バリュー株とグロース株を両方保有してデメリットを補完する。

また、結婚して、子供ができてからは、スイングトレードそのものも、封印しています（後段で説明するように、年に1、2回は封印を解いているのですが……）。

バリュー株、グロース株のデメリットを相互カバー

現在の投資スタイルとしては、いわゆるバリュー銘柄とグロース銘柄の2つをバランスよく保有しています。このほか、スパイス銘柄というのもありますが、これは後で説明するように、いわば投資を楽しむための銘柄です。

バリュー株とグロース株を両方保有する理由は、バリュー株のみでは資産が増えにくいこと、グロース株のみでは相場の下落に耐えられないことのデメリットをカバーするためです。

■ポートフォリオの一例

	予想PER（2018年度）	実績PBR	時価総額
グロース株			
あい ホールディングス（3076）	20.5倍	3.22倍	1620億円
パーク24（4666）	26.9倍	5.19倍	3765億円
日本モーゲージサービス（7192）	15.2倍	2.50倍	76億円
バリュー株			
ヤマト（1967）	9.4倍	0.85倍	223億円
南陽（7417）	9.5倍	0.93倍	156億円
東京インキ（4635）	8.9倍	0.47倍	112億円
アプライド（3020）	6.3倍	1.02倍	50億円
昭和パックス（3954）	8.4倍	0.52倍	79億円
スパイス株			
クックパッド（2193）	18.8倍	2.75倍	646億円

バリュー株、グロース株にスパイス株を加えたポートフォリオの一例。バリュー株は購入時より株価が上がったため時価総額が100億円を超えているものもあるが、基本的には時価総額100億円以下の銘柄を好む（データは『会社四季報』2018年２集などを参考に作成）。

両者の間のような立ち位置の銘柄もありますので、明確には分けていませんが、基本的には時価総額が低い銘柄が好きで、１００億円以下のバリュー銘柄を好みます。これは、利益の伸びが株価に相加相乗的に反映されるためです。時価総額５０００億円の企業の株価が10％上がるよりも、時価総額50億円の企業の株価が30％上がるほうが、現実味があるのです。

グロース株では、主に大型株かつ利益が安定している銘柄で、比較的長期に保有するストック性の強いものを主力に据えています。２０１５～２０１７年は桧家ホールディングス（１４１３、現ヒノキヤグループ）と日本管理センター（３２７６）を主力にしていましたが、今後、数年かけて不動産市況が悪化する可能性を考慮して、少しポートフォリオの構成を〝非不動産寄り〟に変えました。

ただ、不動産がらみでも、カタリスト（相場を動かす材料）があるものは、小型でも投資しています。例えば日本モーゲージサービス（７１９２）は、テーマ性が薄れたフラット35を主事業にしている低時価総額の銘柄ですが、ニッチ性の強い住宅瑕疵《かし》保険事業の利益率が高くなるだろうと想定して投資しています。瑕疵保険とは、住宅事業者が供給する新築住宅における瑕疵担保責任の発生時の費用のための保険です。国土交通省の指定が必要ですが、２０１８年3月時点で5社のみの参入です。

あいホールディングス（３０７６）は、防犯カメラ事業、カード発行機事業、カッティングマシン事業などニッチトップの柱を数本立てているという一風変わった会社です。ＰＥＲがすでに20倍以上ですから、ある程度将来性を買われている状態です。この銘柄を保有して安心できる点は、たとえ一つの柱がポシャっても、ほかでカバーできる態勢があることです。事業の多角化をしているグロース企業が多いですが、あいホールディングスはその一つひとつの柱が非常に堅固な柱です。このまま増益が続くようなら、ずっと保有していてもよいと考えます。

保有資産を手計算で算出し、バリューかどうかを確認

バリュー株は、ＰＢＲが低い、配当利回りが高い、などの株価下落のストッパー因子がある中小型の銘柄が主体です。

カタリストがあればなおよいのですが、ツイッターなどのSNSが普及してからというもの、よいニュースはすぐに個人投資家の間に広まってしまいます。そのため、以前と比較すると、増益基調にある割安銘柄というだけで、カタリストを内在している銘柄は少なくなりました。

バリュー株かどうかは、基本的にその企業の保有資産を手計算で算出しています。決算短信の財務諸表を見れば誰でも計算できます。その資産の状況と時価総額との差を見ます。時価総額が比較的安く解散価値（※）に近いような企業は、市場から高く評価されていないことを意味し、極端に時価総額が割安のものはネットネット株と呼ばれています。

例えば現在保有しているヤマト（1967）は、空調・衛生等の管工事をやっている建設会社です。2018年1月31日の決算短信で計算すると、だいたいの流動資産は、現金47億円＋受取手形・未収入金136億円＋投資有価証券89億円で、約270億円。総負債は約120億円です。解散価値は270億円－120億円で約150億円です。未成工事支出金や固定資産を計算に含めるかどうかは意見が分かれるかもしれませんが、受注が好調であり、時価総額も解散価値に近い200億円以下なら安いなと思い、700円台前半で大きく買いました。

バリュー株はスクリーニングで絞り込み

バリュー株は「四季報オンライン」のスクリーニングで絞り込みます。条件は、時価総額1

（※）資産総額から負債を支払った後に残る純資産（株主資産）。企業が倒産し、解散したとき、株主に返ってくる資金の額を示す。清算価値ともいう。

■スクリーニング項目（四季報オンライン）

- 時価総額……100億円（200億円）以下
- 自己資本比率……50％以上
- 営業利益変化率（前期・今期・来期）…3％以上
- 予想PER……15倍以下
- 予想PBR……1倍以下

↓

10～20社程度に絞り込み

00億円あるいは200億円以下の銘柄で、自己資本比率50％以上、営業利益変化率3％以上（前期・今期・来期）、予想PER15倍以下、予想PBR1倍以下などです。

スクリーニング条件の数字はいろいろ変えて調べていますが、基本的に利益がちょっとでも出ている、財務が健全な割安放置株を狙っています。このような検索だと、「四季報オンライン」でもだいたい10銘柄以内に収まるので、それぞれの財務を調べるのは簡単でしょう。

また、割安放置株の過去の決算を見ていると、下方修正を連発している企業もあるので、その企業のクセも知っておく必要があります。「四季報オンライン」はベーシックプランの場合、月々わずか1000円（税別）でいろいろな機能が使えるため、勉強代と割り切って契約するのがお勧めです。

投資を長く続けるための
スパイス株とスイングトレード株

スパイス株は、投資の楽しみ

私は、グロース株とバリュー株に「スパイス株」と「急落時のスイングトレード株」を足すことで株式投資を楽しんでいます。

投資は楽しみがないと、長くは続けられません。スパイス株は、テーマ性や自分の見通しの能力を衰えさせないように、業績はよくなくとも比較的財務がよいものを選んで少額投資しています。

例えばクックパッド（2193）は、クラシルなどの料理動画サービスの競合が台頭してきたため、もはやオワコン（終わったコンテンツ）のように扱われることがあります。しかし、財務内容はかなりよく（自己資本比率は94・5%、無借金）、既存の会員を使った新しいプラットフォーム戦略に期待しています。豊富なネットキャッシュをうまく使えば、成長のシナリオもありえると思っています。

■財務内容は良好なクックパッド

クックパッド(2193)のHP画面

クックパッド(2193)の主な経営指標(2017年12月期)

主な経営指標	2017年12月期
売上収益(千円)	13,408,060
営業利益(千円)	5,391,192
税引前当期利益(千円)	5,637,284
当期利益(千円)	3,489,262
総資産(千円)	24,898,261
自己資本(千円)	23,519,954
自己資本比率(%)	94.5
資本金(千円)	5,284,567
利益剰余金(千円)	12,880,771
借入金	0

(有価証券報告書より)

限定的なスイングトレード

前述のように、普段はスイングトレードはしない私ですが、急落時のスイングトレードは、あくまで株価指数が軟調になったときのみの投資なので、リバウンドを小さく取るだけの作業です。２０１７年は急落がほとんどありませんでしたが、年に１、２回、株価指数が急落したとき、特に逆張り指標が複数点滅しているときは、大型株を複数買います。現金が足りなければ信用買いでも買いに向かいます。

一般的に、ＲＳＩ(※)、移動平均乖離率、ボリュームレシオを「３点チャージ」と呼んで逆張り指標に用いるトレーダーが多いようです。私が主にスイングトレードに使っている逆張り指標は、「14日ＲＳＩ」と「25日騰落レシオ」の２つです。非常にシンプルで使いやすい指標ですが、初心者の方はあまり使わない指標だと思いますので簡単に説明します。

ＲＳＩは、株価の「売られすぎ」や「買われすぎ」を測ることで、その後の反転を予測する指標です。「ＲＳＩ＝一定期間の上げ幅の合計÷（一定期間の上げ幅の合計＋一定期間の下げ幅の合計）×１００」で求めます。私はその「期間」を14日間で見ています。ＲＳＩの値は50％を中心に０（ゼロ）から１００の範囲で動きます。０に近い水準は「売られすぎ＝買いのシグナル」、逆に１００に近い水準は「買われすぎ＝売りのシグナル」です。逆張りの投資に有効な指標です。

（※）Relative Strength Index（相対力指数）の略称

■スイングトレードは3～5%の利益を見込める期間内で

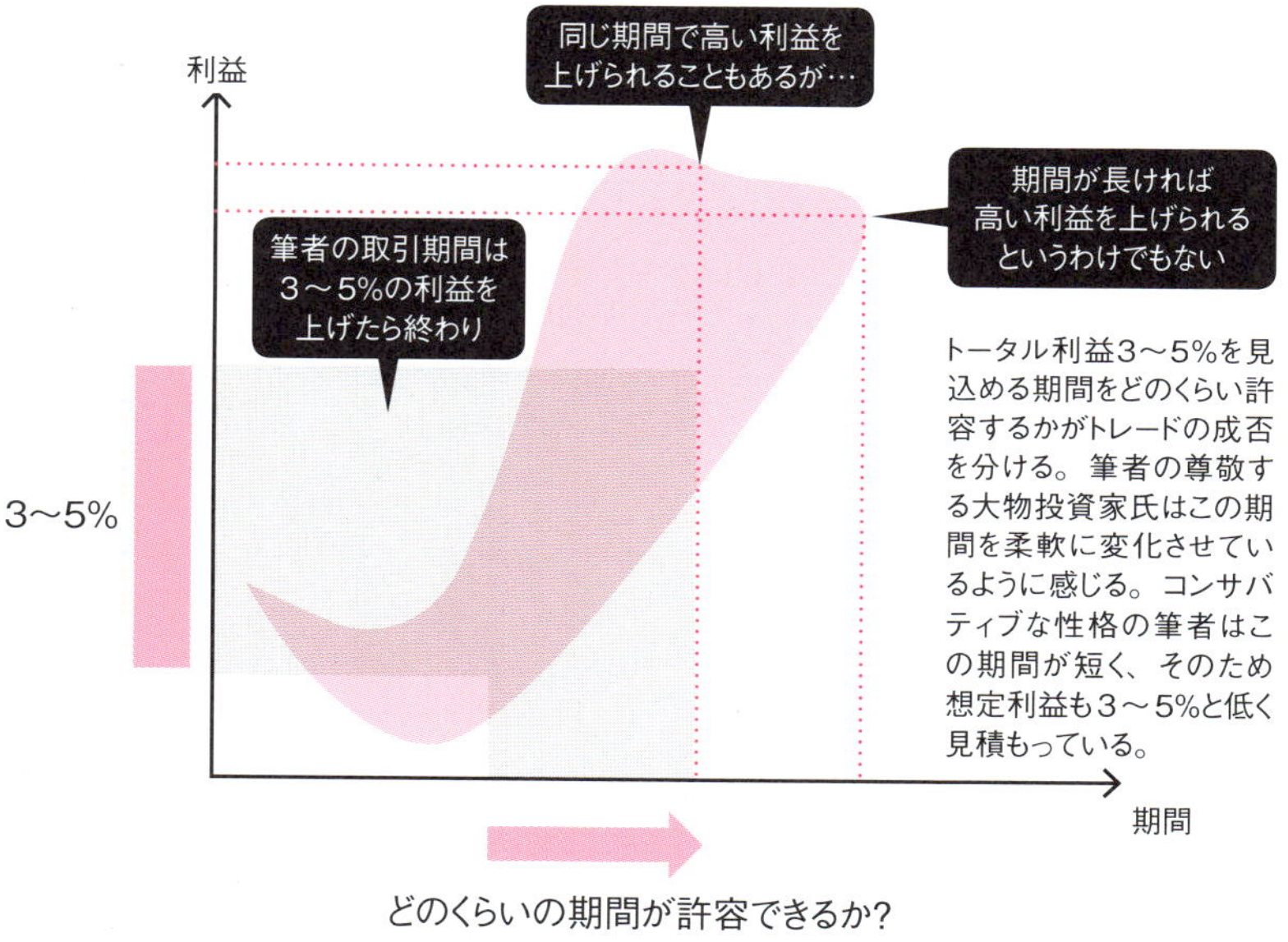
同じ期間で高い利益を上げられることもあるが…
利益
期間が長ければ高い利益を上げられるというわけでもない
筆者の取引期間は3～5%の利益を上げたら終わり
3～5%
トータル利益3～5%を見込める期間をどのくらい許容するかがトレードの成否を分ける。筆者の尊敬する大物投資家氏はこの期間を柔軟に変化させているように感じる。コンサバティブな性格の筆者はこの期間が短く、そのため想定利益も3～5%と低く見積もっている。
期間
どのくらいの期間が許容できるか?

■スイングトレードの条件

株価指数の14日RSI	25%以下 （できれば20%以下）
株価指数の25日騰落レシオ	80%以下 （できれば75%以下）

RSIは、直近の一定期間の終値ベースで、上昇と下落どちらの変動の勢いが強いかを測る指標。25%以下の場合は、相場は売られすぎ。株価指数の騰落レシオは、東証1部の値上がり銘柄と値下がり銘柄のどちらが多いかを見る。100%を中心として、80%のときは値下がり銘柄が20%多い。

騰落レシオは、一定期間内の「(毎日の）値上がり銘柄数÷値下がり銘柄数」で求めます。期間は10日くらいが一般的ですが、私は25日間で見ます。騰落レシオが100％より大きいときは、値上がり銘柄数のほうが多く、株価が上昇を続けて騰落レシオが120％を超えてくると、過熱しすぎのサイン（下落傾向への転換の兆し）と見られます。逆に、市場の下落で騰落レシオが80％を切り始めたら、底値に近づいているサイン（間もなく上昇に転じる兆し）です。

私はこれを個別銘柄ではなく、日経平均やTOPIXに適用しています。個別銘柄の場合、これらの逆張り指標は悪材料を織り込んでいると対応できないことがありますが、株価指数に対して用いることでマーケット全体の反転を利幅として得ることができるからです。

もちろん、スイングトレードは失敗することもあります。直近では、2月6日以降の急落で日本たばこ産業（2914）の配当利回りが高くなったということでスイング投資をしましたが、損切りラインに達してしまい100万円を失いました。とはいえ、5銘柄ほどに分散してリバウンドを取りに行きますので、3～5％の利益が乗ったらすぐに利益を確定させて、できるだけ〝値上がり欲〟に負けないように細かい勝ちを積み重ねていきます。

日経平均株価の水準に合わせ、バリュー株比率を拡大

スイングトレードでなく、前述した「グロース株」と「バリュー株」のいずれにおいても、

■インヴェストドクター流、投資手法の比率

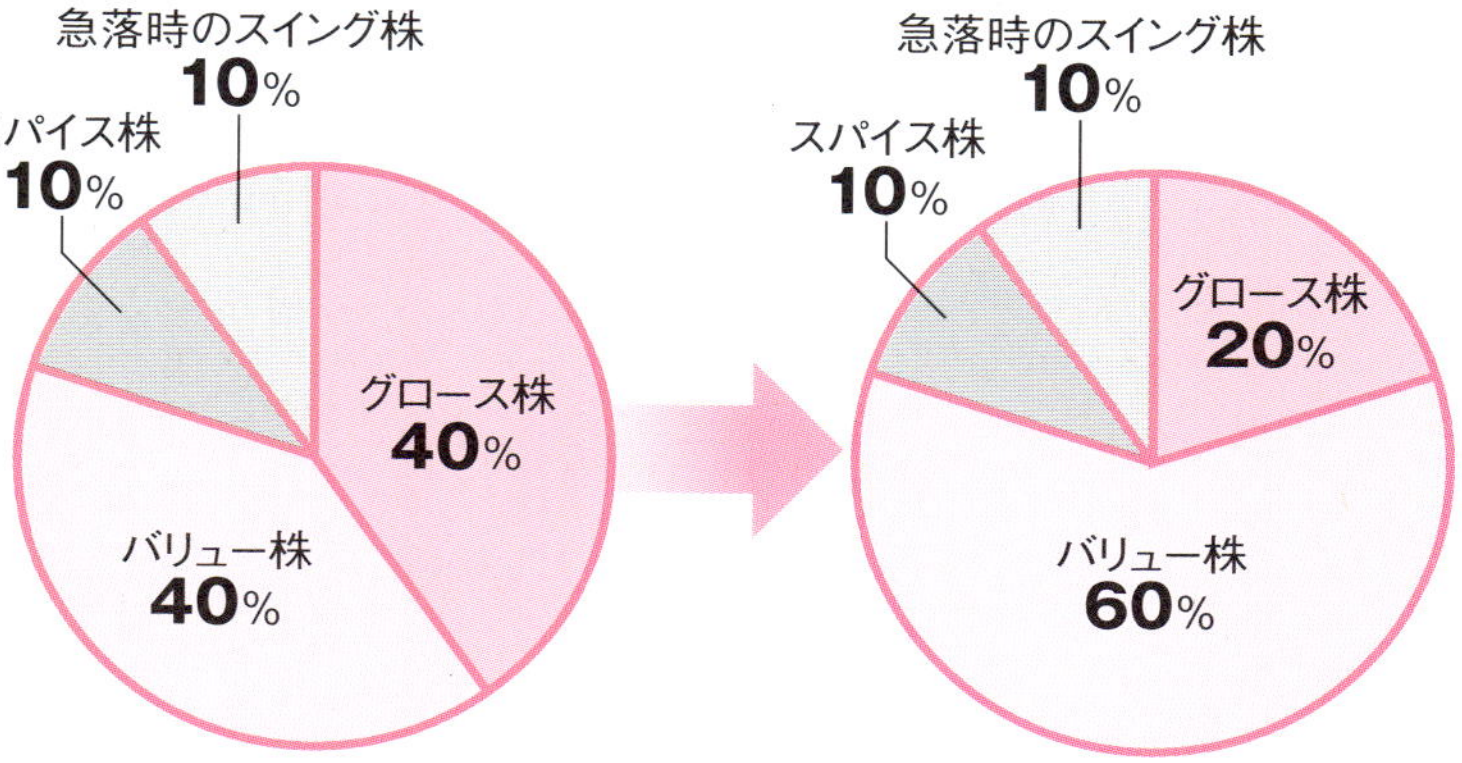

グロース株、バリュー株、スパイス株、スイング株それぞれの比率は4：4：1：1のようなイメージ。しかし日経平均株価が高い水準にあるので、3：5：1：1、もしくは2：6：1：1のようにバリュー株比率を高めて対応したい。

基本的には株価指数の急落を狙って買いを入れています。そのため、中長期投資家であってもこれらの逆張り指標を知っておくとオトクです。

私の手法を戦場に例えるなら、次のような感じでしょうか。

●グロース株：剣（刃こぼれしにくいもの、新しくてキレやすそうなものを選ぶ）
●バリュー株：盾（かたければかたいほどよい）
●スパイス株：敵地侵入（やられるリスクもある）
●急落時のスイング株：手榴弾（手元で爆発するリスクもある）

グロース株、バリュー株、スパイス株、スイング株の、それぞれの比率は4：4：1：1のようなイメージで考えています。しかし近年は、日経平均株価が高い水準にあるので、3：5：1：1、2：6：1：1のようにバリュー株比率を高めて対応したいと考えています。

大きな利益を上げるため逆張りのタイミングを狙う

年120万円を実現するには

さて、これらの手法を踏まえた上で、月10万円、年120万円の利益を出すためには、800万〜1200万円ほどの資金は欲しいです。さすがに元本100万円、200万円ではそれなりのリスクをとらないといけません（仮想通貨のようなボラティリティが激しいもの）。ゆえに、以下の話は800万〜1200万円という元本ありきの話です。

結論から言うと、株価指数の急落、特に理由もないような世界同時株安で、営業利益が伸び続けているグロース株とバリュー株を半々買って、あとはおしまいでよいと思います。1年間で一度も株安の状況がなければ、継続的に利益を出すことはできませんが、基本的に逆張りスタイルのほうが、より大きな利益を得られるでしょう。

裏ワザですが、最も確度が高い方法は、レオス・キャピタルワークスのひふみ投信へ投資することだと思います（おそらくこれが現実的かつ堅実）。

■順張りと逆張りなら逆張りで大きな利益を狙う

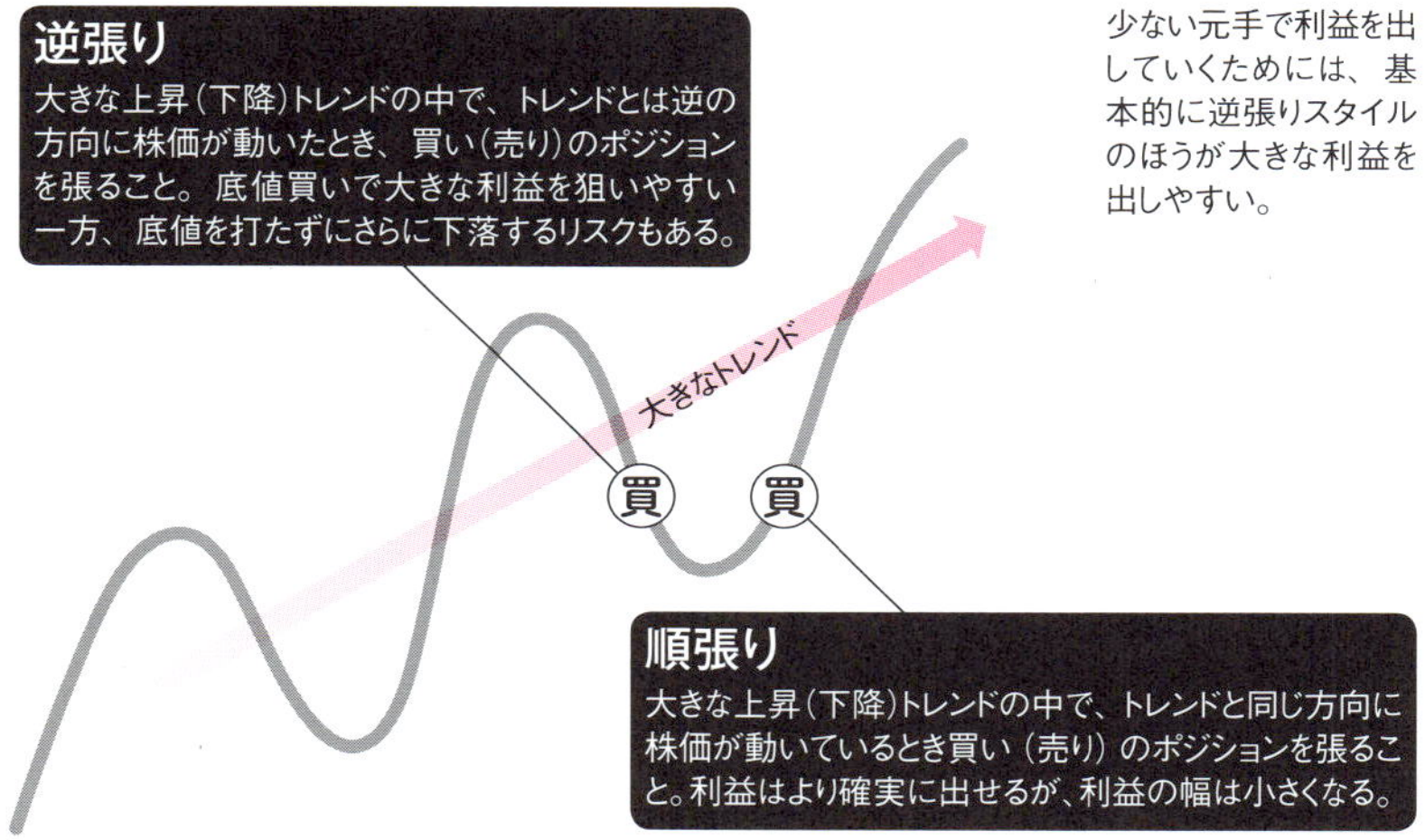
逆張り
大きな上昇（下降）トレンドの中で、トレンドとは逆の方向に株価が動いたとき、買い（売り）のポジションを張ること。底値買いで大きな利益を狙いやすい一方、底値を打たずにさらに下落するリスクもある。
大きなトレンド
買
買
順張り
大きな上昇（下降）トレンドの中で、トレンドと同じ方向に株価が動いているとき買い（売り）のポジションを張ること。利益はより確実に出せるが、利益の幅は小さくなる。

少ない元手で利益を出していくためには、基本的に逆張りスタイルのほうが大きな利益を出しやすい。

「株式投資を楽しむ」という個人投資家ならではのメリットがなくなってしまいますが、ひふみ投信の選択眼は誰もが認めるところですから、急落時に大きくひふみ投信を買い付ける手法の成功率は高いでしょう。

積み立て投資のほうがドルコスト平均法（定期的・継続的に一定金額分を買っておく方法）という観点から有効とされていますが、ひふみ投信は個別株式そのものを買い付ける作業とさして変わりないと思っているので、私は急落時のスポット買いをお勧めします。

ちなみに、私が投資を始めた頃のひふみ投信の基準価額は1万円で、2018年3月現在は5万円（＋400％）を超えています。直近の平均年率リターンは20％を超えていますので、ある程度の元手があり、急落時に買い付ければ、年120万円の達成は可能だと思います。

初心者に難しい利益確定を上手にこなす

売上高がゆるやかに伸びている企業を探す

個人投資家にとって最も難しいのは、「利益確定」です。含み益なんて、絵に描いた餅、幻に過ぎません。現実世界で利益を確定してこそ、投資が成功したと証明されるのです。

私自身は自分のポートフォリオを「売ってもよい銘柄」と「売らない銘柄」に分けています。売ってもよい銘柄というのは、買値から2倍以上に上がっている銘柄（2バガー）、買ったときほど業績やカタリストに期待していない銘柄、その銘柄よりも魅力的な銘柄が出てきたとき、などです。

売らない銘柄というのは、基本的に数年先を想定して買っている銘柄で、毎回の決算短信を見てもその魅力が衰えない企業です。

売ってもよいと判断した銘柄が割高ならすぐに売れというわけではなく、可能ならば相場環境がよく楽観的になっているときに売るべきです。

■売ってもよい銘柄と、売らない銘柄

売ってもよい銘柄	●買値から２倍以上に上がっている銘柄（２バガー） ●買ったときほど業績やカタリストに期待していない銘柄 ●その銘柄よりも魅力的な銘柄が出てきたとき など
売らない銘柄	●基本的に数年先を想定して買っている銘柄で、毎回の決算短信を見てもその魅力が衰えない企業

反対に、世界同時株安のような相場環境では売らないほうがよいです。思わぬ安値で売らされる可能性が高いからです。

上昇トレンドの前提が崩れたら「売り」

グロース株投資の場合、株価がじわじわと上昇していく銘柄を保有しているはずです。またバリュー株投資でも、株価指数が上昇している局面では底値が限定的になります。

そのため、できるだけ利益を伸ばすために上昇トレンドが続く限り保有し続け、上昇トレンドが終了したなと思ったときに売るのがベストです。

個人的には、その上昇トレンドの前提が崩れる事態があれば、売ったほうがよいと思います。

■中長期投資における利益確定

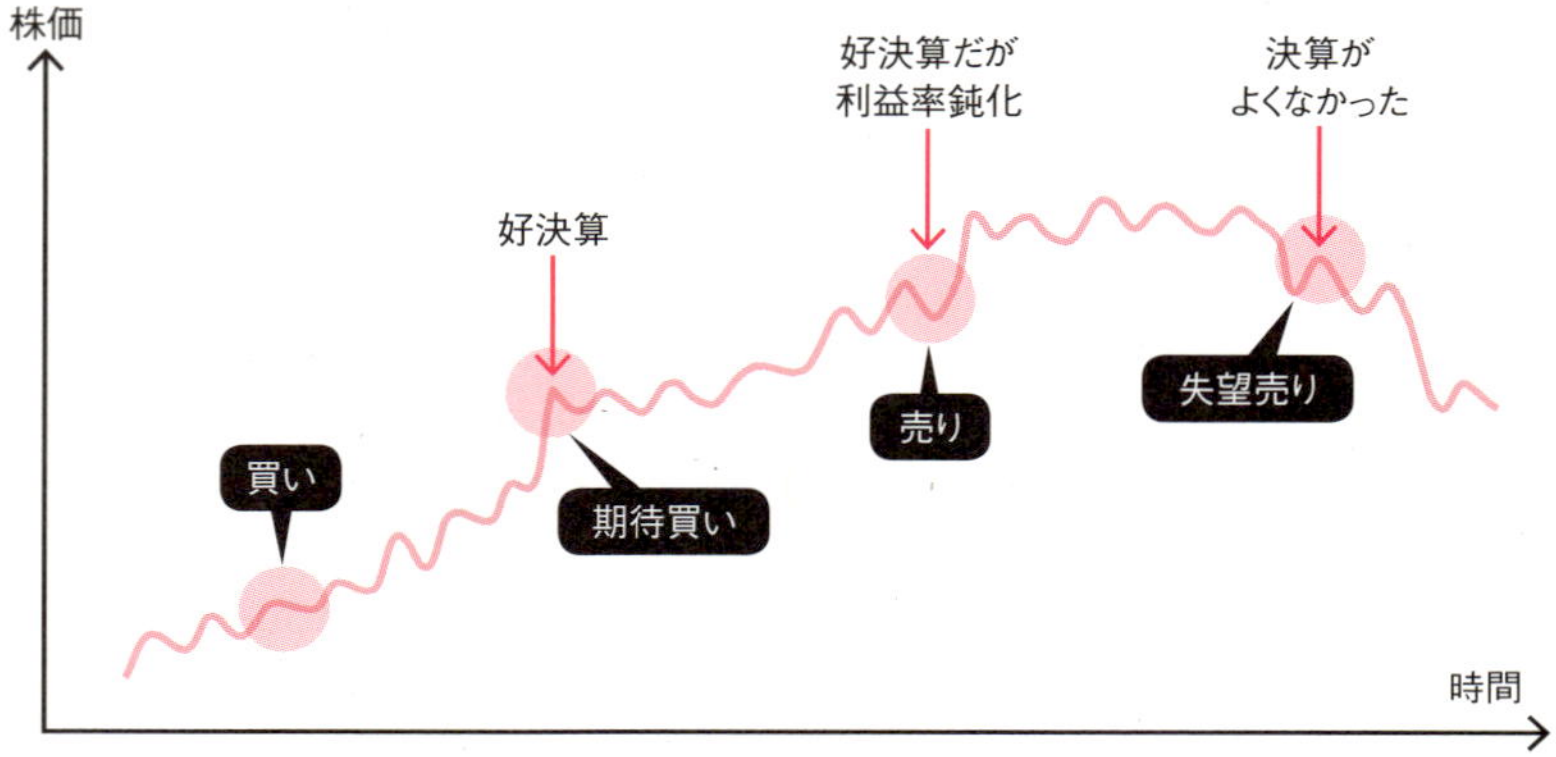

毎年プラス成長している企業の利益率が低くなったとき、どれだけ調べても原因がはっきりしない場合は、その企業は業績のピークに達したのではないかという懸念が出てくる。そのように上昇トレンドの前提が崩れる事態があれば、売ったほうがよい。

毎年プラス成長している企業の利益率が低くなったとき。どれだけ調べても原因がはっきりしない、もしかしたらこの企業は業績のピークに達したのではないかという懸念が出てきたとき。そういうときです。

株価は成長があってこそ上昇するものですから、自分が魅力と感じた成長力や割安性が鈍化しているのならば、愛着は捨てていったん株式を売るべきです（上図参照）。

イマイチだと思って売ってしまった後に、企業がさらなる好業績を叩き出すこともあります。そのとき、株価水準が割高でもう一度買い戻すのは勇気が要ると思います。

そういうときは、「買わなくてよい」のです。この銘柄で確実な利益が出ているのですから、そこはあまり欲張らなくてもよいのだということを覚えておきましょう。

■投資で成功するカギは自分自身に内在

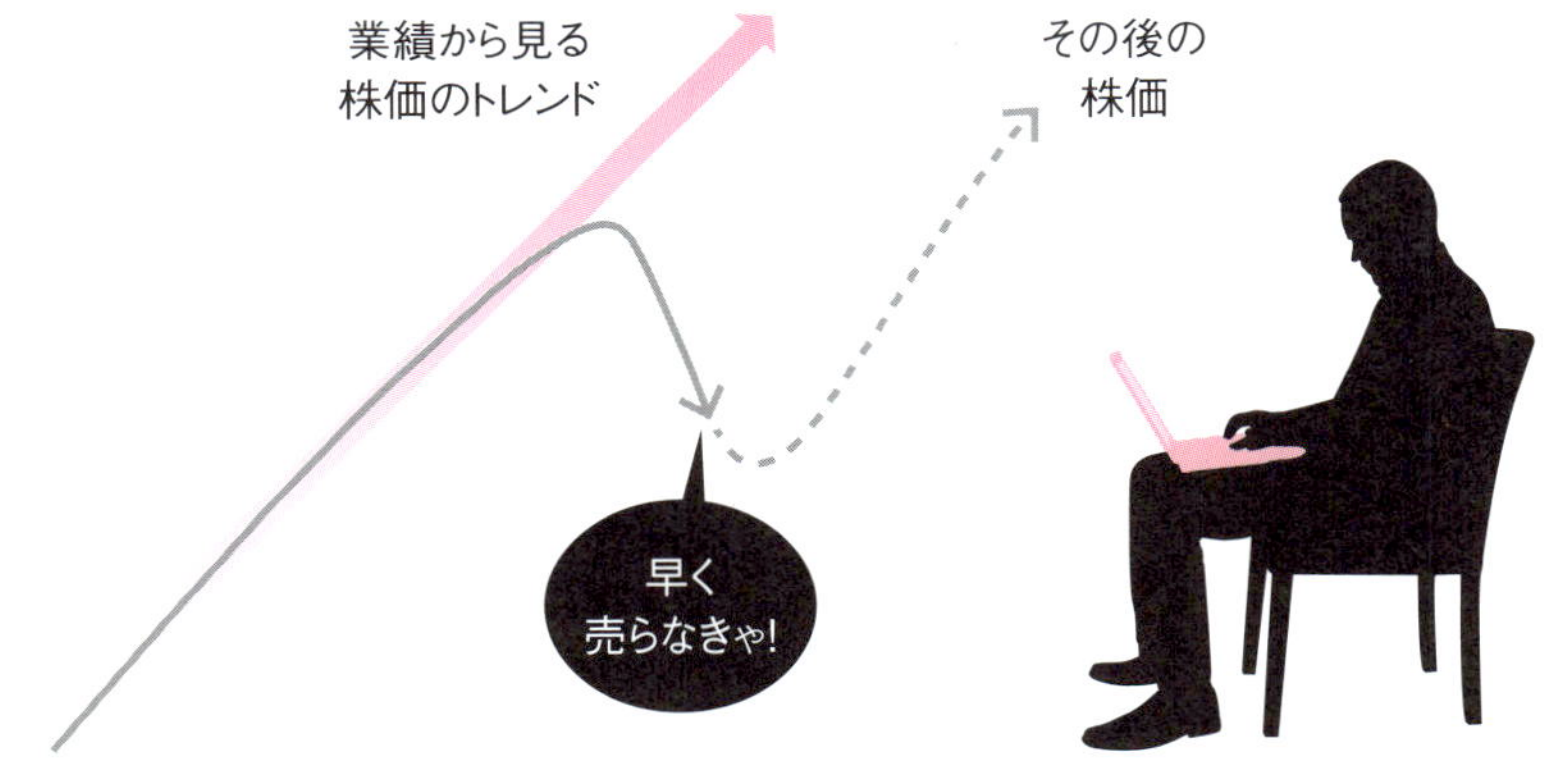
業績から見る
株価のトレンド
その後の
株価
早く
売らなきゃ!

初心者のうちは、好業績を評価して買った銘柄が、数日後に急落したら、狼狽して売ってしまうことがある。しかし、前提が変わっていないならば、基本的に株価急落は「買い」。これを逆にしないよう気をつけよう。

狼狽こそが〝敵〟

私の場合、株式投資を始めて10年目になりますが、売買に際しての一番の敵が「狼狽」だと実感しています。

初心者の頃、損失を出す瞬間は、ほとんどが狼狽売りです。好業績を評価して買ったのに、その3日後には急落に狼狽して売ってしまうのです。よいと思って買った銘柄の前提が崩れてしまえば売却も重要な手ですが、前提が変わっていないならば、基本的に株価急落は買いです。投資を始めて間もない頃に、これを逆にしてしまうことがよくあります。

かの有名なベンジャミン・グレアムも、「投資で成功するカギは自分自身に内在する」と書いています（『新 賢明なる投資家（上）～割安株の見つけ方とバリュー投資を成功させる方法〜』パンローリング）。

株式投資に限らず、投資の世界では忍耐力が重要です。世界同時株安に直面したとき、資産は大きく削られるかもしれませんが、投資している企業の前提が崩れていないのであれば相場の暴風雨が通り過ぎるのを待つべきです。

私の師匠の受け売りですが、「恐怖に打ち勝つには理屈を知るべし」ということです。この企業業績では、どう考えてもこの株価は下げすぎだ、あるいはこの価格なら買うべきだ、という理知的かつ客観的な考えが恐怖に打ち勝つ強い武器になります。

私は投資を始めた頃、財務諸表が読めませんでした。しかし、継続的に利益を出し続けるためには、その銘柄の株価水準が割安かどうかを判断できる知識が必要です。

理屈っぽい人間のほうが、マーケットで勝つことができます。そのためには、企業の業績や財務を読み解く訓練は避けて通れません。どこかでじっくり腰を据えて、勉強する期間を作ってください。

悪材料をいち早く察知する

ただし、悪材料が出た場合は、売るべきかどうか早急に判断しなければなりません。

例えばピーシーデポコーポレーション（7618）は、2016年当時、個人投資家の間で

■SNSを活用して悪材料を察知する

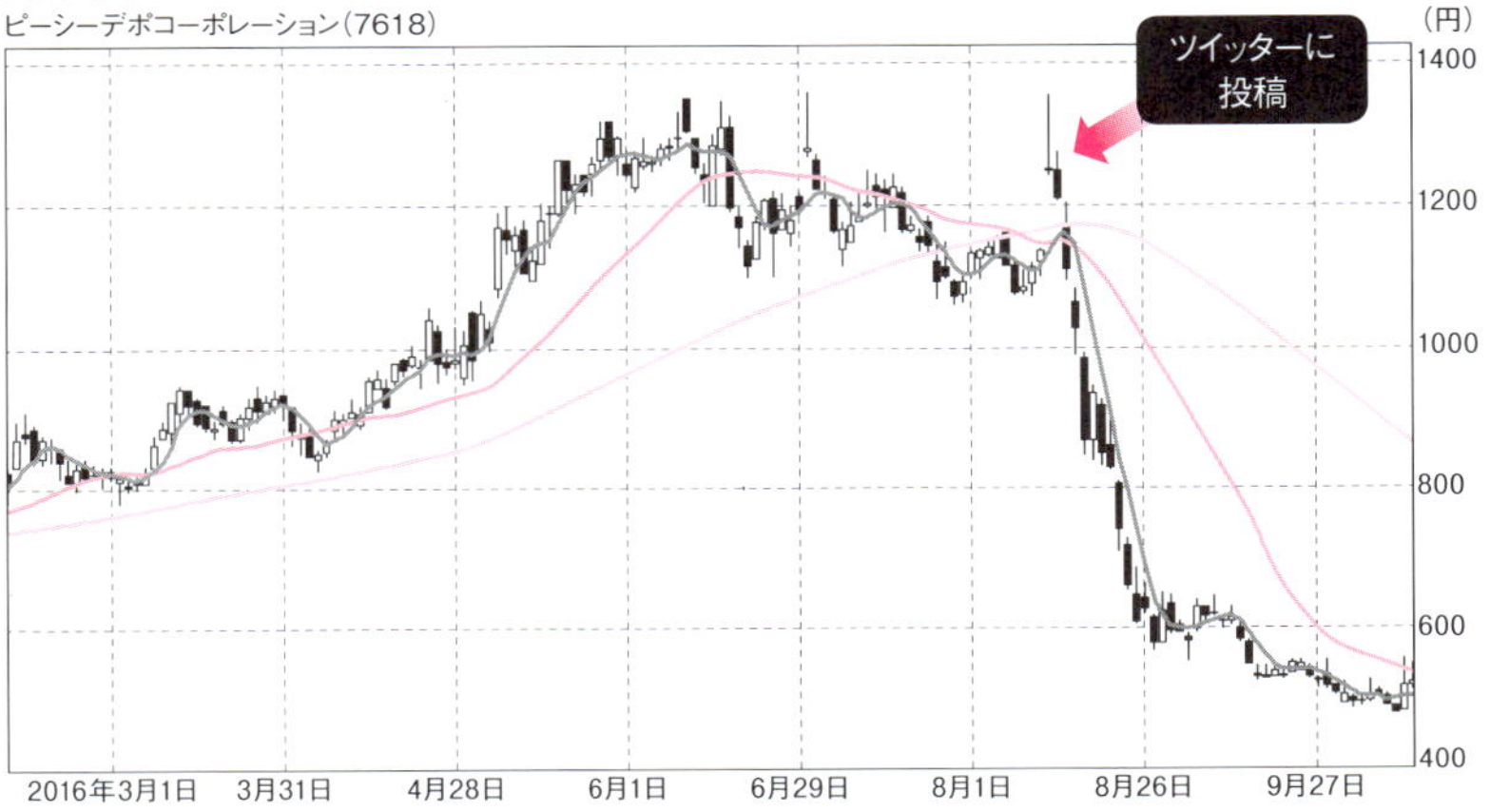

ツイッター上で、悪材料が出たときの情報が拡散し、株価が急落。明らかな悪材料があるかどうか見極めるツールとして、現時点ではツイッターがベストと思われる。

人気銘柄でしたが、２０１６年８月中旬に高齢者に対して高額の解約料を請求していた問題が発覚しました。上図はその前後の値動きです。

問題が発覚したきっかけは、高齢者の家族がツイッターにその件を投稿したことでした。売りが売りを呼び、株価は半分以下に急落しました。私もツイッターなどのＳＮＳを活用していますが、昔と比べて悪材料が広まるのがずいぶん早くなりました。そのため、急落したときに明らかな悪材料があるかどうか見極めるツールが必要です。

現時点では、ツイッターがベストだと思います。むしろこれがないと、周りから後れをとることにつながります。

そのため、アカウントを作っていない人は、ぜひ作って、いろいろな個人投資家をフォローしてみましょう。

COLUMN

NISA口座を使ってみよう

20%近い税金が非課税になるお得な口座を活用しない手はない

通常、株式の取引を行う特定口座・一般口座では、上場株式や投資信託の売買益、配当・分配金に対して、20・315%の税金が課せられます。100万円の利益が出ても20万円近くは税金で引かれてしまうわけです。

しかし、NISA口座のお金で投資して得たお金なら、税金はかかりません。NISA口座では、毎年120万円までの株式や投資信託などが購入可能です。これを非課税投資枠といいます。

NISA口座のお金で購入した株式の売買益や、株式・投資信託配当金で得た利益は、購入した年から5年間、課税されません。そして、

最大600万円までの投資から得た利益が非課税

NISA（ニーサ）は、「少額投資非課税制度」の略称です。NISAの「N」は日本（NIPPON）の頭文字、「ISA（アイサ）」は英国の Individual Savings Account(個人貯蓄口座)の略ですので、日本版個人貯蓄口座のように言われています。

NISAは、2014年に始まった制度で、2018年4月現在では、最大600万円の投資枠から得た利益に対する税金が非課税になるというお得な制度です。

NISAとつみたてNISAの違い

	NISA	つみたてNISA
利用できる人	日本に住む20歳以上なら誰でも	
新規に投資できる期間	10年間(2014～2023年)	20年間(2018～2037年)
非課税となる期間	投資した年から最長5年間(ロールオーバーを利用して最大10年間)	投資した年から最長20年間
年間投資できる上限額	120万円	40万円
累計非課税投資上限額	600万円	800万円
投資対象商品	上場株式(ETF、REIT含む)、投資信託	金融庁が定めた基準を満たす投資信託・ETF(株式には投資できない)
投資方法	一括買付、積立	定期かつ継続的方法による積立のみ
資産の引き出し	いつでも可能	
損益通算、繰越控除	できない	
金融機関の変更	年単位であれば可能	

翌年もＮＩＳＡ口座を開設し120万円まで投資、さらに翌年も……と繰り返していくと、非課税で保有できる投資総額は5年間で、最大600万円となります。

また、非課税期間の5年間が終了したら、保有している株式や投資信託などの金融商品を、翌年の非課税投資枠に移す（ロールオーバー）ことができます。もしくは、ＮＩＳＡ口座以外の一般口座や特定口座に移すこともできます。

なお、ロールオーバーできる金額に上限はありませんので、時価が120万円を超えていても、そのすべてを翌年の非課税投資枠に移すことができます。

例えば、ＮＩＳＡ口座の120万円で購入した株式がその年に2倍に値上がりして（2バーガー）、120万円の値上がり益を得たとします。その120万円は非課税ですから、本書が目標としている「月10万円、年間120万円」という利益を得て、さらにその利益から税金が引かれないという嬉しい結果になります。

ただし、非課税投資枠が120万円になったのは2016年からで、2015年以前に開設したNISA口座の非課税投資枠は100万円です。そのとき開設した口座を現在継続して持っていても、非課税投資枠は120万円ではありませんので、注意しましょう。

つみたてNISAは長期投資向け

このNISAに加え、2018年からは、「つみたてNISA」という新たな制度も導入されました。ただしこれは、投資対象が投資信託のみ（株式の売買は不可）で、長期投資に向いた口座なので、それだけでは本書の目標である「月10万円を稼ぐ」という投資には向かないかもしれません。しかし、配当のコラム（116ページ）でも紹介したように、株式の売却益を目的とした投資を補完する低リスクな投資、という意味では、選択肢に入れてもいいでしょう。

つみたてNISAの非課税投資枠は年間40万円で、非課税期間は投資した年から最長20年になります。つまり、毎年非課税投資枠の40万円を使い、20年継続すれば、40万円×20年間＝800万円まで非課税の優遇を受けながら投資することができます。

ただし、投資信託の場合は、運用期間中に信託報酬という手数料がかかります。長期の投資では信託報酬率の差によって、収入に大きな影響が出てきますので、購入の際には、チェックしておいたほうがいいでしょう。

このほか、NISAの制度には、未成年者を対象とした「ジュニアＮＩＳＡ」があります。２０１６年度から始まった制度で、０～19歳の未成年者を対象とした少額投資非課税制度です。制度はＮＩＳＡと似ていますが、非課税投資枠は年間80万円まで。上場株式、株式投資信託などの配当・譲渡益等が非課税対象となります。

当然ながら、未成年は株式の売買はできませんから、基本的には親権者などが子供や孫の代わりに運用します。

さて、賢い方はお気づきかもしれませんが、ＮＩＳＡ口座の非課税投資枠は１人当たり１２０万円ですが、例えば夫婦でそれぞれ口座を開設すれば、夫婦の非課税投資枠は２倍の２４０万円になります。さらに子供が２人いて、それぞれにジュニアＮＩＳＡを開設すれば、80万円分の非課税投資枠が追加されますから、合計４００万円の非課税枠を利用できるようになります（もちろん、一つの口座で運用できる資金は、１２０万円か80万円です）。

ＮＩＳＡ口座を開設する際、すでに証券会社の証券総合取引口座などを開設している人なら、すぐに開設の手続きに入れます。例えばネット証券の場合であれば、口座開設の申し込みをして、送られてくる書類に必要事項を記入して返送すれば、１～２週間程度で開設できます。

なお、ＮＩＳＡの制度は、２０２３年までの制度とされていますので、早めに利用を検討したほうがいいでしょう。

月10万円確実に稼ぐ!

一生使える株の強化書

2018年5月29日　第1刷発行
2019年8月12日　第2刷発行

著　者
相場師朗／今亀庵／インヴェストクター
www9945／堀哲也

発行人
蓮見清一

発行所
株式会社 宝島社
〒102-8388 東京都千代田区一番町25番地
電話：03-3234-4621(営業)／03-3239-0646(編集)
https://tkj.jp

印刷・製本　サンケイ総合印刷株式会社

Printed in Japan　ISBN 978-4-8002-8335-1